AF495928

8° M 4128

VIE

DE

MARTIN LUTHER

PUBLIÉE A L'OCCASION DU

QUATRIÈME CENTENAIRE DE SA NAISSANCE

PAR

Charles PFENDER

PASTEUR

DEUXIÈME ÉDITION

PARIS

LIBRAIRIE FISCHBACHER

(Société anonyme)

33, RUE DE SEINE, 33

1889

VIE
DE
MARTIN LUTHER

PUBLIÉE A L'OCCASION DU
QUATRIÈME CENTENAIRE DE SA NAISSANCE

PAR

Charles PFENDER
PASTEUR

DON
1888

DEUXIÈME ÉDITION

PARIS
LIBRAIRIE FISCHBACHER
(Société anonyme)
33, RUE DE SEINE, 33

1883

8° M
4128

Le Dr Martin Luther, d'après Lucas Cranach

PRÉFACE

Chargé d'écrire, pour le quatrième Centenaire de la naissance de Luther, une courte biographie du réformateur, je ne me suis pas appliqué à être chronologiquement complet. J'ai cru mieux faire, en exposant avec quelques détails les principaux moments de sa vie et en montrant ce qu'il a voulu, pour quoi il a lutté, ce que nous lui devons. Je l'ai, autant que possible, laissé parler lui-même ; les citations nombreuses rendront peut-être le récit moins vif et moins attrayant ; mais elles permettront à mes lecteurs de pénétrer dans l'âme de Luther et de mieux saisir sa pensée vraie.

Je ne cite que trois auteurs modernes, français tous les trois : Michelet et Merle d'Aubigné, qui ont tous les deux compris et aimé ce grand génie chrétien et qui ont, les premiers, rendu son nom populaire en France ; puis M. Félix Kuhn, dont le grand ouvrage sur Luther s'imprime en ce moment, et dont l'article remarquable publié dans l'Encyclopédie des sciences religieuses m'a beaucoup servi et beaucoup facilité ma tâche.

Mon but, en écrivant ces pages, est celui que se propose aussi l'Église, en célébrant pour la première fois le Centenaire de la naissance de Luther; c'est de dire à tous ceux qui portent le nom de Protestants : « Souvenez-vous de vos conducteurs, qui vous ont annoncé la Parole de Dieu ; considérez leur vie jusqu'à son terme, et imitez leur foi. Jésus-Christ est le même, hier, et aujourd'hui, et éternellement. » (Hébr. XIII, 7-8).

Paris, le 26 octobre 1883.

CHARLES PFENDER,
Pasteur.

VIE
DE
MARTIN LUTHER

PUBLIÉE A L'OCCASION DU

QUATRIÈME CENTENAIRE DE SA NAISSANCE

CHAPITRE I

LA PRÉPARATION

1483-1517

---

§ 1. — L'ÉCOLIER

Luther naquit à Eisleben, en Thuringe, le 10 novembre 1483. Ses parents, Jean Luther et Marguerite Ziegler, étaient de pauvres gens, vivant péniblement du travail de leurs mains. Le lendemain du jour de sa naissance, l'enfant fut baptisé à l'église de Saint-Pierre et reçut le nom de Martin, en l'honneur du saint dont on célébrait la fête en ce jour.

C'est six mois environ après sa naissance que ses parents, chassés sans doute par la misère, vinrent s'établir à Mansfeld. Mais là encore leur situation ne s'améliora que très lentement, car ils avaient de nombreux enfants. « Mes parents, dit plus tard Luther, ont d'abord été pauvres ;

mon père était un pauvre mineur, et ma mère, pour nous élever, a souvent porté son bois sur le dos. Ils ont fait ce que personne ne ferait aujourd'hui. » Cependant Dieu bénit leur travail ; ils acquirent quelque aisance et Jean Luther devint un des bourgeois les plus considérés et les plus influents de la petite ville. C'était un homme de mœurs sé-

Maison où Luther naquit, à Eisleben

vères, droit et loyal. Quant à sa mère, Mélanchthon lui rend ce témoignage : « Marguerite, la femme de Jean Luther, possédait toutes les vertus de la femme honnête ; elle était surtout connue pour sa piété, craignant Dieu, assidue à la prière, de sorte que toutes les honnêtes femmes la regardaient comme un modèle de vertu. »

La pauvreté, s'ajoutant à une dévotion anxieuse, assombrit les premières années du jeune enfant ; une éducation d'une sévérité excessive le rendit timide et craintif, mais lui donna aussi cette conscience délicate qui lui fit plus tard sentir si profondément la corruption du péché. Ses parents le soumettaient à une discipline fort rigoureuse : « Mon père, raconte-t-il, me battit une fois tellement, que je le fuis et lui en gardai rancune pendant quelque temps. — Un jour, pour une misérable noix, ma mère me battit jusqu'au sang, et la sévérité de sa vie fut une des causes qui, plus tard, me firent entrer au couvent et devenir moine. Mais c'était dans les meilleures intentions ; seulement ils ne savaient pas discerner les caractères et proportionner les punitions, car il faut toujours punir de telle sorte qu'à côté de la verge se trouve la pomme. »

On l'envoya très jeune à l'école ; elle était située à l'extrémité de la ville et, pour y arriver, il fallait gravir une pente escarpée ; son père l'y portait souvent lui-même dans ses bras. A l'école la discipline n'était pas plus douce qu'à la maison. « Un jour, dit-il, je fus fustigé quinze fois dans la matinée. » Il y apprit à lire et à écrire, les dix commandements de Dieu, le symbole des apôtres, l'oraison dominicale, quelques chants et un peu de grammaire, et par-dessus tout le respect et l'obéissance.

Jamais il ne s'est plaint de ce pénible apprentissage de la vie ; toujours, au contraire, il s'est montré reconnaissant à ses parents de ne pas l'avoir gâté et d'avoir contribué à former son caractère. Il les entoura jusqu'à leur mort de l'affection la plus tendre et du respect le plus profond. Lorsque son père mourut, le 29 mai 1530, Luther, qui était alors à Cobourg, écrivit à Mélanchthon : « C'est pour moi un devoir de piété de pleurer celui dont le Père de miséricorde m'a fait naître, celui par les travaux et les sueurs duquel Dieu m'a nourri et m'a formé tel que je suis, quelque peu que je sois. Certes je me réjouis qu'il ait vécu jusqu'aujourd'hui pour voir la lumière de la vérité ! Béni soit

Dieu pour l'éternité, dans tous ses conseils et tous ses décrets. Amen. »

A quatorze ans, Luther entra à l'école latine de Magdebourg, qui jouissait d'une certaine renommée. Mais comme ses parents n'avaient pas alors les moyens de pourvoir à son entretien, il dut y vivre de misère et manger le pain de la charité. « Là, dit Jean Mathesius, son ami et son biographe, ce jeune garçon est allé, comme plus d'un enfant d'honnêtes parents, demander de porte en porte du pain pour l'amour de Dieu. Mais celui qui est destiné à devenir grand, doit commencer petitement. » Luther lui-même parle de ce temps-là sans amertume : « Ne méprisez pas les pauvres jeunes gens qui chantent à vos portes en demandant du pain pour l'amour de Dieu. Vous savez comme dit le psaume : Les princes et les rois ont chanté. Et moi aussi j'ai été de ces mendiants affamés, j'ai reçu du pain aux portes des maisons, particulièrement à Eisenach, ma chère ville. »

C'est sans doute cette misère qui détermina ses parents à le rappeler de Magdebourg au bout d'un an, et à l'envoyer à Eisenach, à l'école latine de Saint-Georges; ils espéraient qu'il y serait assisté par la parenté de sa mère. Mais il n'en fut rien et le jeune écolier dut recommencer sa vie de Magdebourg et chanter et tendre la main aux portes. Il y subit bien des refus humiliants, reçut souvent plus d'injures que de pain et dut se coucher maintes fois affamé et découragé ; cependant il chantait avec âme et sa voix était belle. Un jour qu'il s'en revenait de sa tournée, triste et abattu, une femme pieuse, Ursule Cotta, touchée de compassion pour le pauvre écolier qui l'avait plus d'une fois édifiée par ses chants, le prit chez elle et le mit ainsi à l'abri du besoin pour tout le temps qu'il eut à passer à Eisenach. Dès ce jour, toute sa vie fut transformée ; il se mit à l'étude avec une ardeur surprenante et fit de si rapides progrès qu'il dépassa bientôt tous ses camarades, « non seulement, dit Mélanchthon, par la vigueur précoce de son intelligence, mais encore par une éloquence particulière et une grande aptitude au style et à la composition. » Il passa quatre ans dans cette maison hospitalière, et la reconnaissance, la sécurité du lendemain, les rapports avec une société plus relevée, firent épanouir les côtés aimables de sa nature qu'une éducation rigide avait comprimée.

Il ne parle jamais sans émotion de « sa chère ville d'Eisenach où il avait tant appris et reçu tant de bien » et où tous les mauvais souvenirs des souffrances et des misères de sa vie d'écolier avaient été effacés. « Laissez avec confiance étudier vos fils, dit-il, quand même ils devraient mendier leur pain. Ne faut-il pas que les enfants du peuple se tirent de la poussière et souffrent ? Vous donnez à Dieu un morceau de bois brut qu'il sculpte lui-même et dont il fait des hommes. Toujours est-il que ton fils et mon fils, c'est-à-dire les enfants du peuple, conduiront le monde, l'Église et l'état. »

Il quitta Eisenach le 17 juillet 1501, pour commencer ses études universitaires ; il avait alors dix-huit ans.

---

§ 2. — L'ÉTUDIANT

Jean Luther avait de l'ambition pour son fils, dont il avait reconnu les talents ; il l'envoya à l'université d'Erfurt qui jouissait alors d'une grande réputation. Luther y fut inscrit sur les registres de la faculté de philosophie ; il s'appliqua d'abord à l'étude de la scolastique, dont il approfondit les subtilités ; il put la combattre plus tard avec d'autant plus de succès. Il lut les grands écrivains de Rome, en particulier Cicéron, Virgile, Tite-Live, « non pour apprendre des mots et des phrases, mais pour s'initier à la vie de l'humanité ; » son excellente mémoire le servit admirablement. « Il brillait, dit Mélanchthon, parmi toute cette jeunesse, et son génie faisait l'admiration de toute l'Académie. » Enfin il visitait assidûment la bibliothèque de l'université, pour se familiariser avec toutes les branches de la science humaine. C'est là qu'il trouva un jour une Bible latine ; il n'avait jamais vu de Bible ; aussi fut-il fort surpris, en la feuilletant, de découvrir qu'elle renfermait beaucoup plus de textes que les livres de piété en usage ; il y lut avec un plaisir singulier l'histoire d'Anne et du jeune Samuel (1 Sam. II). Dès ce moment son vœu le plus ardent fut que Dieu voulût un jour lui donner une Bible, et certes jamais vœu ne fut exaucé plus merveilleusement.

En 1503, il fut élevé au baccalauréat et, en 1505, il reçut le grade de maître en philosophie. C'est alors que vint pour lui le moment d'entreprendre l'étude du droit. Ce n'est pas qu'il se sentît une vocation particulière pour cette branche de la science humaine ; il s'y mit sans plaisir, uniquement par déférence pour la volonté de son père. Jean Luther avait une répugnance invincible pour la « moinerie » ; il ne voulait pas « que son fils devînt prêtre ou moine, pour » faire bonne chère et vivre sur le bien d'autrui au lieu de » se nourrir de son propre travail » ; c'est par le travail qu'il devait se créer une position. Or l'étude du droit menait le plus sûrement aux honneurs, aux dignités et aux places lucratives, et son père était d'avis « qu'il fallait pousser un homme aussi éloquent et aussi intelligent et l'employer aux affaires d'État. »

Mais Luther ne réussit pas à prendre goût à l'étude du droit, dont la sécheresse le rebuta ; il eût préféré la théologie qui, du moins, répondait aux aspirations de son cœur et donnait satisfaction à ses besoins religieux. Malgré cette répugnance, il paraissait extérieurement tout à fait content de son sort. « Il était à cette époque, raconte Mathesius, un jeune compagnon de bonne et joyeuse humeur, livré aux douces études et à la musique. » La musique était pour lui le premier de tous les arts après la théologie : « La musique, disait-il, est l'art des prophètes; c'est le seul qui, comme la théologie, puisse calmer les troubles de l'âme et mettre le diable à la porte. »

Mais malgré ces apparences brillantes, sa conscience était troublée ; son âme était inquiète. L'éducation sévère qu'il avait reçue et la dévotion timorée qu'il avait apprise de sa mère, lui avaient laissé dans l'âme un fond de tristesse, une ferveur mélancolique. Il ne pouvait se résoudre à devenir uniquement un savant; ce qui le préoccupait par-dessus tout, c'était le salut de son âme; il avait peur de la justice de Dieu, qu'il se représentait inexorable. Seule, une vie sainte pouvait lui procurer la paix, et il pensait y arriver plutôt par des prières que par la science de l'école. Cependant le trouble de sa conscience ne provenait point d'une vie impure ; mais il avait un sentiment accablant du péché et une frayeur mortelle des jugements de Dieu. Il en tombait malade d'angoisse. Dans une de ces maladies, un vieux prêtre le consola par ces paroles prophétiques : « Rassurez-vous, mon cher bachelier, vous ne mourrez pas » de cette maladie; notre Dieu fera encore de vous un » grand homme qui consolera à son tour bien des gens ; » ceux que Dieu aime et qu'il veut employer à de grandes » choses, il les charge de bonne heure de la sainte croix ; » à cette école on apprend beaucoup, si l'on porte sa croix » avec patience. »

Or à cette époque on ne connaissait pas de chemin plus sûr pour arriver à la sainteté, que la vie monastique. Luther était de son temps et partageait en cela les idées du moyen âge. Ces idées, du reste, l'Église s'appliquait à les propager et à les entretenir, et elle se servait pour cela de tous les moyens propres à frapper les imaginations. Luther nous fait la description d'un tableau qu'il vit un jour, et qui fit sur lui une vive impression : « La sainte Église y était représentée sous la figure d'un navire ; on n'y décou vrait nul profane ; il n'y avait là ni rois, ni princes ; on n'y voyait que le pape, les cardinaux et les évêques, avec le Saint-Esprit ; autour d'eux les prêtres et les moines, tenant les rames et voguant vers le ciel. Les laïques, par contre, se débattaient dans les flots, s'accrochant au vaisseau pour ne pas se noyer ; quelques-uns étaient soutenus par des cordes que les révérends pères leur jetaient par grâce, en leur faisant part de leurs bonnes œuvres ; ils les préservaient ainsi d'une mort certaine et les traînaient après eux dans le ciel. Il n'y avait dans l'eau ni pape, ni cardinal, ni évêque, ni prêtre, ni moine, rien que des laïques. »

Il semblait que Dieu lui-même voulût, par son intervention directe, arracher le brillant étudiant à la vie du monde et le faire entrer dans cette voie sainte. Deux évènements vinrent, en effet, lui donner le coup de grâce et le pousser dans la vie monastique avec une force irrésistible. Un jour, relevant de maladie, il allait rendre visite à ses parents. Il portait l'épée, selon l'usage. Son arme étant sortie du fourreau, il se blessa au pied ; une artère était atteinte et le sang coula à flots. Pendant que son compagnon de route courait chercher un médecin, Luther se coucha sur le dos, pressant la plaie de ses mains ; la jambe enfla : « Marie sauve-» moi ! » s'écria-t-il, pensant mourir. Dans la nuit la plaie se rouvrit, et il invoqua encore la Sainte-Vierge. L'impression qui lui était restée de ces heures d'angoisse fut ravivée par un nouveau danger de mort. Comme il revenait de la campagne, peu de temps après, (le 2 juillet 1505), il fut surpris par un violent orage ; un terrible coup de foudre éclata tout près de lui ; il se laissa tomber à terre, en s'écriant : « Sauve-moi, chère Sainte Anne (c'était sa patronne) et je me ferai moine. » Quinze jours après il entrait au couvent. « Ce n'est pas volontiers, dit-il plus tard, que je suis devenu moine. Enveloppé des terreurs de la mort, j'ai fait un vœu forcé. J'abandonnai le monde et j'entrai au couvent, désespérant de moi-même. »

« Sauve-moi, chère sainte Anne, et je me ferai moine ! »

§ 3. — LE MOINE

C'est le 17 juillet 1505, jour de la saint Alexis, que Luther entra au couvent. La veille, comme pour faire ses adieux au monde, il avait invité ses amis. Une dernière fois il se livra avec eux à sa chère récréation, la musique; puis, sur le minuit, il leur fit part de son intention : « Vous m'avez vu pour la dernière fois. » C'est en vain qu'on essaya de le dissuader; il résista à toutes les prières et à toutes les remontrances et se rendit au cloître des Augustins; la porte se referma sur lui, et, dit-il, « j'étais mort au monde. » Le lendemain, il instruisit l'Université de ce qu'il venait de faire, renvoya son anneau et ses habits séculiers et, pendant un mois entier, il resta enfermé, refusant de se montrer à personne.

C'est son père qui fut le plus douloureusement atteint par cet acte de désespoir; il était froissé dans ses idées les plus chères. Luther ne l'avait informé de sa résolution qu'après l'avoir exécutée. Dans sa réponse, Jean Luther lui témoigna toute son irritation et tout son mépris, et il recommença à le tutoyer, ce qu'il n'avait plus fait depuis le jour où il avait été revêtu de la dignité magistrale.

Après son année de noviciat, Luther fut admis à prononcer ses vœux; selon l'usage, il reçut alors le froc noir et le capuchon de cuir, et en même temps un nouveau nom, celui d'Augustin. « A mon baptême, dit-il, je reçus le nom de Martin; au couvent, on me donna celui d'Augustin. Quoi de plus honteux et de plus impie que d'abandonner son nom de baptême pour le capuchon. Ils ont bien montré par là qu'ils sont devenus infidèles à Christ et à son baptême. »

Dans les premiers temps on lui imposa, selon les rapports de ses amis, les corvées les plus pénibles et les plus répugnantes. On l'employait à garder la porte, à remonter l'horloge, à balayer l'église, à nettoyer les cabinets, à quêter en ville. « A toi comme à nous, lui disait-on, le sac au dos! Ce n'est pas en priant, c'est en mendiant qu'on enrichit les couvents. » Les moines prenaient plaisir à humilier ainsi le brillant magister. Mais l'Université, sentant que c'était elle qu'on voulait abaisser, intervint en sa faveur, et, grâce à Staupitz, le vicaire de l'ordre, Luther fut au moins délivré des besognes les plus viles.

Il prit, du reste, au sérieux sa vocation monacale et ne fut point « de ces misérables qui mènent au couvent une vie dissolue, mais un de ces moines pieux qui ne craignent aucune peine et qui se tourmentent pour leur salut. » « Il est certain, dit-il, que j'ai été un moine pieux; j'ai observé strictement les règles de mon ordre, et je puis dire que si jamais moine est entré au ciel par sa moinerie, j'y serais entré; tous mes compagnons de cloître m'en rendront le témoignage; car si cela avait duré plus longtemps, je me serais tué à force de veilles, de lectures, de prières et d'autres travaux. »

A côté de ces occupations, il se remit avec ardeur à l'étude de l'Écriture sainte, pour laquelle il éprouvait un attrait inexplicable. On lui avait remis, dès son entrée au couvent, une Bible latine reliée en cuir rouge, qu'il eût bien voulu pouvoir emporter lorsqu'il quitta le cloître. « Je me rendis si familier avec la Bible, dit-il, que je savais indiquer la page où se trouvait chaque verset. Nulle autre étude ne m'attirait autant que celle de la sainte Écriture. Souvent je méditais un seul verset pendant un jour entier. »

Lorsqu'il eut prononcé ses vœux, le prieur et les moines le félicitèrent « d'être maintenant innocent comme l'enfant qui vient de recevoir le baptême. » Il eut alors un moment de bonheur. Ne tenait-il pas désormais le moyen de renouveler toujours cette innocence et ne pouvait-il pas, chaque jour, accroître le trésor de ses mérites, et faire part de son superflu aux laïques? Mais cette assurance glorieuse devait être douloureusement démentie par ses expériences intérieures; il ne trouvait pas le repos qu'il cherchait. Quand il plaçait ses mérites en regard de la sainteté de Dieu, il était plus que jamais assailli de doutes et de frayeurs; malgré son « nouveau baptême, » il était persécuté sans cesse par la crainte d'avoir perdu la grâce de son vrai baptême. Le sentiment de ses péchés l'accablait. On lui avait fait espérer que par la vie sainte du couvent il pourrait « dépasser le décalogue, » et il reconnaissait que loin de le dépasser, il n'avait jamais réussi à l'accomplir. Plus tard, il considéra comme une grande grâce de Dieu toutes ces angoisses qui brisèrent en lui la justice propre.

Tel fut à la fin le trouble de son âme, qu'il ne voyait partout, dans sa vie, que des transgressions de la loi de Dieu et des infractions aux règles de l'ordre. Il se tourmentait ainsi jour et nuit pour des « péchés imaginaires. » Il priait Dieu, invoquait les saints, mais se retrouvait toujours anéanti, en présence de ces terribles paroles : « Je suis l'Eternel, ton Dieu, le Dieu fort et jaloux. » Christ n'était pas pour lui le Sauveur doux et charitable; c'était le Saint, le Juste, le Juge; il l'épouvantait plus encore. Aussi la présence corporelle de Christ dans le sacrifice de la messe le remplissait-elle toujours de frayeur et lui donnait-elle le sentiment accablant de son indignité.

Un jour, à la procession de la Fête-Dieu, la vue seule du crucifix fut pour lui « comme un éclair foudroyant. » Ces angoisses, ces luttes le rendaient malade, et il traînait ses misères et ses gémissements sous les voûtes silencieuses du cloître, s'écriant avec douleur : « Oh ! mon péché, mon péché ! »

Nous trouvons un écho de ces tristesses dans son cantique : *Réjouis-toi, peuple chrétien :*

Aux mains du diable et de la mort
Esclave sans défense,
Au péché, par un triste sort,
Vendu dès ma naissance,

Tourmenté nuit et jour, j'allais
De chute en chute et j'éprouvai s
Du péché la puissance.

Mes œuvres ne méritaient rien
Et ma faible nature
Ne pouvait accomplir le bien
Ni laver ma souillure.
Mourant, perdu, sans nul espoir,
Déjà je pouvais entrevoir
L'enfer et sa torture.

En vain fatiguait-il ses confesseurs, cherchant au bunal de la pénitence l'apaisement de sa conscience. Deux fois il fit une confession générale, pour se décharger de tous les péchés commis dès sa plus tendre enfance; l'absolution ne put le tranquilliser. Ne fallait-il pas, pour qu'elle assurât effectivement le pardon de Dieu, avoir énuméré au confesseur tous ses péchés, éprouver une contrition suffisante, avoir satisfait à toutes les pénitences prescrites par le confesseur? Etait-il certain d'avoir tout fait? « J'ai oublié quelque chose, se disait-il; je n'ai pas été assez contrit; j'ai négligé quelque détail de ma pénitence! » Et la paix le fuyait.

C'est dans ces dispositions d'esprit qu'il fut ordonné prêtre, le 2 mai 1507. Jean de Lasphe, l'évêque consacrant, lui remit la coupe en prononçant les paroles sacramentelles : « Reçois le pouvoir d'offrir le sacrifice pour les vivants et les morts. » « Si la terre ne nous a pas engloutis tous les deux, dit-il plus tard, c'est que Dieu n'était pas juste; sa patience était trop grande. » Hélas! il dit sa première messe avec angoisse, torturé par la crainte d'oublier un mot, de manquer un mouvement; c'étaient là des fautes graves.

Cependant, à l'occasion de son ordination, il revit pour la première fois son père. Jean Luther ne se décida pourtant qu'avec répugnance à y venir, ne cédant qu'aux instances de ses amis. « Soit, dit-il, et Dieu veuille que cela tourne bien. » Il arriva au couvent avec une suite nombreuse. Au repas, où l'on avait invité tous les amis, Luther eut une explication avec lui : « Mon cher père, dit-il, pourquoi m'avez-vous fait une opposition aussi impitoyable et avez-vous été tellement irrité quand j'ai voulu devenir moine? Peut-être en êtes-vous fâché encore aujourd'hui? C'est pourtant une vie divine fort paisible. » Le père dit alors en présence de tous les convives : « Messieurs les savants, n'avez-vous pas lu dans l'Écriture qu'on doit honorer son père et sa mère? » Luther fut tout interdit et ne sut que répondre. Et comme d'autres lui représentaient que son fils avait obéi à une vocation céleste, le rude et loyal mineur se contenta de dire : « Plût à Dieu que ce ne fût pas quelque fantasmagorie du diable. »

Mais Luther avait trop vanté à son père cette vie divine et paisible. Son ordination ne le tranquillisa pas plus que ses dévotions et ses pratiques. « Ma vie, dit-il, avait une grande apparence, mais non point à mes yeux. J'avais un esprit brisé; j'étais toujours triste. Toutes les consolations étaient impuissantes. Je me préparais à la messe, à la prière, avec de grandes dévotions; néanmoins je montais à l'autel désespéré, j'en descendais désespéré. Tous ceux auxquels je me plaignais, répondaient : « Je ne sais pas! » Alors je me disais : Suis-je donc le seul qui doive être si triste en esprit? Oh! que je voyais de spectres et de figures horribles! »

Ses tentations n'étaient pas des tentations charnelles comme celles contre lesquelles beaucoup d'autres moines bien intentionnés avaient à lutter; Luther lui-même nous fait connaître la nature de ses épreuves : « Quand j'étais dans les écoles, j'étudiai avec zèle les épîtres de saint Paul; j'eus un vif désir de savoir ce que saint Paul voulait dire dans l'épître aux Romains. Un mot surtout m'arrêtait : *la justice de Dieu*. Je haïssais ce mot de *justice de Dieu*, parce que, selon l'usage des docteurs, je l'avais toujours entendu de la justice active, par laquelle le Dieu juste punit les injustes et les pécheurs. Moi qui menais la vie d'un moine irréprochable et qui pourtant portais en moi la conscience inquiète du pécheur, sans parvenir à me rassurer sur la satisfaction que je pouvais offrir à Dieu, je n'aimais point, non, il faut le dire, je haïssais ce Dieu juste, vengeur du péché. Je m'indignais contre lui. C'était en moi un grand murmure, si ce n'était un blasphême. Je disais : N'est-ce donc pas assez que les malheureux pécheurs, déjà perdus éternellement par le péché originel, aient été accablés de tant de calamités par la loi du décalogue; il faut encore que Dieu y ajoute la douleur à la douleur par son Évangile, et que dans l'Évangile même il nous menace de sa justice et de sa colère! »

Il eût succombé à ses angoisses, si Dieu n'avait eu pitié de lui et ne lui avait envoyé un conseiller éclairé qui sut le conduire sur le chemin de la paix : le vicaire de son ordre, Jean de Staupitz, un mystique pour qui la religion était avant tout l'union du cœur avec Dieu. C'était un homme supérieur, qui sut traiter Luther avec autant de tact que de bonté. Il est vrai que lui aussi ne comprenait pas toujours ses peines; Luther voulait la certitude du pardon; tout le reste n'était rien pour lui, aussi longtemps que cette certitude lui faisait défaut. Bien souvent Staupitz répondait comme les autres : « Maître Martin, je ne comprends pas. » Cependant il le conduisit à la source de toute paix et de toute consolation, à Jésus, le Sauveur et la rançon du pécheur. Luther lui parlait-il de la terreur que lui inspirait Christ, il lui disait : « Ce n'est pas là le Christ, car le Christ n'effraie pas, il console. » Luther se lamentait-il sur ses péchés, il lui répondait : « Que sont vos péchés? Si vous voulez que Christ vous aide, ne venez pas à lui avec ces misères d'enfant, et ne faites pas de la moindre incongruité un péché mortel. Vraiment, vous voudriez n'être qu'un pécheur en peinture. Habituez-vous donc à le regarder comme un vrai Sauveur, et vous, comme un vrai pécheur. En nous donnant son Fils, Dieu ne plaisante point et ne joue point la comédie. » Et quand Luther se perdait dans des spéculations théologiques, cherchant à sonder les profondeurs de la pensée de Dieu, à comprendre l'insondable mystère de la prédestination, Staupitz repondait : « C'est dans les plaies de Christ qu'il faut chercher la prédestination. » C'est ainsi que dans ses entretiens et par ses lettres il s'efforçait de relever cette pauvre conscience effrayée.

Mais Dieu se sert souvent des instruments les plus humbles pour obtenir les plus grands résultats. C'est peut-être moins à Staupitz qu'à un vieux moine, dont on ignore même le nom, que Luther dut l'apaisement de sa conscience. Ce moine lui rappela un jour le passage du Symbole : « Je crois la rémission des péchés, » en y ajoutant ces paroles de saint Bernard : « Mais il faut croire que les péchés te sont pardonnés, à toi. » Comme Luther ne se rendait pas encore, il lui dit : « Que fais-tu, mon fils, ne sais-tu pas que le Seigneur lui-même nous a commandé de croire ? » Ce mot *commandé* le fit réfléchir et le fortifia. L'étude de saint Augustin l'aida aussi à mieux comprendre l'Évangile. S'il n'eut pas dès lors une vue entièrement claire de la justice par la foi, il reconnut cependant que la justice de Dieu est grâce et amour. « Comme je méditais jour et nuit, dit-il, sur ces paroles : *le juste vivra par la foi*, Dieu eut enfin pitié de moi ; je compris que la justice de Dieu, c'est celle dont vit le juste, par le bienfait de Dieu, c'est-à-dire la foi, et que ce passage signifie : l'Évangile révèle la justice de Dieu, par laquelle le Dieu miséricordieux nous justifie par la foi : alors, je me sentis comme né de nouveau, et il me sembla que j'entrais à portes ouvertes dans le paradis. » C'était la victoire, après une lutte acharnée et douloureuse.

§ 4. — LE PROFESSEUR

Vers la fin de l'année 1508, Luther quitta Erfurt pour devenir professeur à l'Université de Wittenberg. Ce n'est pas à l'importance de la ville que l'Université dut son renom ; Wittenberg, dit Luther, est situé « sur la limite « extrême de la civilisation ; encore un peu plus loin, « on serait en pleine barbarie » ; il ne renferme « que « des maisons en torchis, couvertes de chaume, de vraies « baraques de paysans ». Aussi, lorsqu'on proposa à l'électeur Frédéric-le-Sage, duc de Saxe, d'y fonder une Université, il dit en riant : « La ville ne se compose que de « quelques chaumières et les environs n'offrent guère d'at- « traits ; comment pouvez-vous concevoir la pensée de « loger une Université en un lieu pareil ! » Et pourtant il céda, et l'Université fut ouverte le 18 octobre 1502. Le premier recteur fut Pollich de Melrichstadt ; le premier doyen de la Faculté de théologie, Jean de Staupitz, le supérieur et l'ami de Luther. C'est ce dernier qui l'y fit venir et la postérité lui en gardera toujours un souvenir reconnaissant.

Luther fut d'abord chargé d'un enseignement philosophique ; mais dès la seconde année, le 9 mai 1509, il conquit le premier grade théologique, le *baccalauréat biblique*, qui lui conférait le droit de faire des leçons sur l'Écriture Sainte. La théologie l'attirait plus que toute autre science, car, disait-il, « elle saisit le cœur de la noix, la pulpe du blé et la moelle des os. » Il se livra donc à cette étude avec toute l'ardeur d'une âme qui a soif des choses divines. Le 4 octobre 1512, il reçut le grade de licencié en théologie, après avoir fait une conférence publique, et le 18 du même mois, élevé à la dignité de docteur de la sainte théologie, il prêta serment à Dieu, aux saintes Écritures et à l'Université. Il se souvint toujours avec émotion de ce serment, et certes il l'a tenu ; c'est lui qui a rendu l'Écriture Sainte au peuple, par sa prédication, par ses écrits et surtout par son incomparable traduction de la Bible.

La Bible était alors un des livres les moins connus et en même temps l'un des plus suspects, parce que à toutes les époques les hérétiques y avaient trouvé des armes pour combattre Rome. Luther l'expliquait d'une manière tout-à-fait nouvelle, en s'affranchissant de plus en plus des traditions de l'école; il disait avec Saint Bernard : « Il vaut mieux boire à la source même, à la Bible, qu'aux rivières, aux commentaires des Pères de l'Église. Il faut bien que l'Écriture reste maîtresse et juge suprême. » On sait ce que le saint livre était devenu pour lui ; devant le faire comprendre à d'autres, il leur racontait ses expériences personnelles, leur redisait avec émotion ce qui l'avait consolé et faisait ainsi, sans s'en douter, l'histoire de son propre cœur. C'est là ce qui donnait tant de charme à son enseignement. « Tous les hommes pieux, dit Mélanchthon, étaient saisis de la douceur de sa doctrine, et les érudits étaient heureux de voir sortir des ténèbres et de la poussière Christ, les prophètes, les apôtres, et de saisir la différence entre la loi et l'Évangile, entre la philosophie et l'Écriture. »

Aussi Luther grandit rapidement dans l'opinion de ses collègues et devint bientôt le personnage principal de l'Université. Mais ses leçons n'atteignaient que la jeunesse studieuse et le monde des savants. Sorti du peuple, il devait désirer aussi de parler au peuple de l'Évangile du salut. Il s'adressa à lui par la prédication, et il sut se faire écouter. « Luther, dit M. F. Kuhn, fut un grand orateur dans la meilleure acception du mot. Il eut surtout ce genre d'éloquence qui naît d'une forte pensée, d'un cœur ému et d'une belle imagination. Le fond de sa prédication était fort préparé, la forme abandonnée, populaire, sublime ou triviale, selon que l'Esprit l'animait ou le délaissait. Agressif contre les subtilités scolastiques et la raison impuissante, il prêcha la croix de Christ, la foi qui seule justifie. »

Dès maintenant il a compris l'Évangile, qui est la puissance de Dieu pour sauver celui qui croit. Il possède le fondement du salut, le principe vital du Protestantisme, d'où découleront successivement toutes ses autres conquêtes. Il est encore un fils soumis et fidèle de l'Église de Rome, et pourtant il sent déjà que, pour la foi, il n'y a qu'une seule autorité souveraine, absolue, la Parole de Dieu, qui domine toutes les autres autorités; que pour être sauvé, il ne suffit pas d'appartenir extérieurement à l'Église; il faut en être devenu un membre vivant par le Saint-Esprit; l'Église qui sauve, c'est la communion de ceux qui croient. Tout cela, il ne sait pas encore le formuler clairement, mais cela est fortement enraciné dans son esprit, car c'est le fruit de son expérience personnelle. Or c'est déjà la Réformation réalisée dans son cœur; il a trouvé le levier avec lequel il soulèvera et fera chanceler l'antique édifice de la papauté. Quand il entrera en conflit avec elle, ses armes seront prêtes; c'est de l'abondance du cœur que sa bouche parlera. Là est le secret de sa puissance et de son succès.

---

§ 5. — VOYAGE A ROME

Il lui restait cependant une expérience à faire, pour rendre sa conscience plus indépendante et pour le préparer à la lutte à laquelle Dieu allait l'appeler; c'était de voir de près Rome, la métropole de la Chrétienté, la ville sainte d'où venaient la justice et la vérité, et de constater la déchéance, la corruption profonde de la papauté.

C'est sans doute pour régler des affaires litigieuses de

son ordre qu'il entreprit son voyage de Rome; il partit probablement vers la fin de l'année 1511 et fut de retour au printemps de l'année 1512. Ce voyage avait été longtemps l'objet de ses vœux les plus ardents; il espérait certainement raffermir sa foi, dans la ville sainte, en visitant les tombeaux des apôtres.

« Le voilà en Italie, raconte Michelet en son style imagé. D'abord il est reçu à Milan dans un couvent de marbre. Il poursuit sa route de couvent en couvent, c'est-à-dire de palais en palais. Partout grande chère, tables somptueuses. Il est étonné de ces magnificences de l'humilité, de ces splendeurs royales de la pénitence. Il se hasarde une fois à dire aux moines italiens qu'ils feraient mieux de ne pas manger de viande le vendredi : cette parole faillit lui coûter la vie; il n'échappa qu'avec peine à leurs embûches. » Il continua son voyage, toujours à pied, triste et désabusé, souvent malade, souffrant d'insupportables bourdonnements d'oreilles, mal qui ne le quitta jamais. Enfin il entra dans Rome. Il descendit au couvent de son ordre, près de la porte du Peuple. « Lorsque j'arrivai, dit-il, je tombai à genoux et déposant mon bâton de pèlerin, je levai les mains au ciel et je m'écriai : Salut, sainte Rome, sanctifiée pas les saints martyrs et par leur sang qui y a été versé. » Dans sa ferveur il courut les saints lieux, vit tout, crut tout. « Quand j'arrivai à Rome, dit-il encore, fou de sainteté, je parcourus toutes les églises, je crus tous les mensonges qu'on y débitait. J'y ai dit bien des messes, et j'avais comme un chagrin de ce que mon père et ma mère vécussent encore. Avec quelle joie ne les aurais-je pas tirés du purgatoire par mes messes, mes œuvres et mes prières. »

Mais son illusion fut courte; il s'aperçut bientôt qu'il croyait seul. Le christianisme semblait oublié dans cette capitale du monde chrétien. Le pape n'était plus le scandaleux Alexandre VI; c'était le belliqueux et colérique Jules II. Ce père des fidèles ne respirait que sang et ruines. L'unique pensée du pape et de Rome, c'était alors la guerre contre les Français. Luther eût été bien reçu de parler de la grâce et de l'impuissance des œuvres à ce singulier prêtre qui assiégeait les villes en personne. Les cardinaux, apprentis officiers, étaient des politiques, des diplomates, ou bien des gens de lettres, des savants parvenus qui ne lisaient que Cicéron de peur de compromettre leur latinité en ouvrant leur Bible. S'il se réfugiait dans les églises, il n'avait pas même la consolation d'une bonne messe. « Je ne puis, écrit-il, sans un profond dégoût me rappeler la rapidité indécente avec laquelle les prêtres italiens débitaient leurs offices. C'était une jonglerie plutôt qu'un acte religieux. Je n'en étais encore qu'à l'Évangile, quand le prêtre officiant à côté de moi, arrivé au galop au bout de sa messe, me disait : « *Passa, passa*, tâche d'en finir ». Les prêtres italiens faisaient souvent parade d'une scandaleuse audace d'esprit fort. « J'ai été peu de temps à Rome, raconte encore Luther, et j'y ai dit bien des messes, j'en ai vu célébrer beaucoup ; mais je ne puis y penser sans frémir. Entre autres infamies débitées à table par les courtisans, je les ai entendus se vanter en riant, de ce qu'un prêtre, en consacrant l'hostie, disait : *Panis es et panis manebis* » (tu es pain et tu resteras pain).

Un jour il monta, à genoux et avec prières, les marches de l'escalier de Pilate, apporté, disait-on, par les anges du ciel, de Jérusalem à Rome ; il y avait beaucoup d'indulgences à gagner à cet exercice. Mais à ce moment retentit dans son âme la parole qui l'avait tant préoccupé au couvent : *le juste vivra par la foi* ! Il sentit plus vivement que jamais l'inanité de toutes ces pratiques.

Après tout ce qu'il avait vu, il ne lui restait qu'à fuir, en se voilant la face. Sa conscience en fut bouleversée et le souvenir lui en resta comme une flèche dans le cœur. Il revint à Wittenberg désillusionné, reconnaissant qu'entre l'Église romaine et son idéal, il y avait un abîme. Rome ne lui apparaissait plus comme la ville sainte ; c'était une

Babylone, le foyer du paganisme et de la corruption. « Ce voyage, dit Mathesius, fournit à Luther l'occasion de voir de près le très saint père le pape, sa religion dorée et son infâme livrée ; de sorte que plus tard notre docteur répétait souvent : Je ne voudrais pas pour cent mille florins ne pas avoir vu Rome. Je serais resté dans l'inquiétude de faire peut-être injustice au pape. »

CHAPITRE II

LA LUTTE

1517-1521

---

§ 1. — LES INDULGENCES

Pendant plusieurs années, Luther put continuer paisiblement ses études, son enseignement et ses prédications. Bien qu'il restât un fils humble et respectueux de la sainte Église romaine, il s'en éloignait intérieurement, sans s'en douter, à mesure qu'il approfondissait les Écritures. Mais le jour vint où ses yeux furent ouverts violemment et où le scandaleux trafic des indulgences lui montra la déchéance irrémédiable de l'Église de Rome.

Les Indulgences n'étaient pas une nouveauté. Elles remontent à la plus haute antiquité ; seulement, elles avaient dans l'origine un caractère très différent ; elles n'étaient alors qu'un adoucissement aux pénitences publiques imposées pour des fautes graves. Bientôt cependant l'idée même de la pénitence se corrompit, à mesure que la puissance du prêtre grandit dans l'Église. Le péché, disait-on, a pour conséquence les peines éternelles, mais le prêtre, en donnant l'absolution, transforme ces peines en châtiments temporaires, et ces châtiments, on peut les racheter par de bonnes œuvres, des dons ou des fondations. La remise de ces châtiments ainsi rachetés, c'est l'Indulgence.

Lorsque, au onzième siècle, la première Croisade fut prêchée dans tous les pays chrétiens de l'Europe, le pape Urbain II promit à tous ceux qui se croiseraient, une indulgence plénière, la rémission complète de tous leurs péchés. Un peu plus tard on put acquérir cette indulgence en donnant de l'argent pour la délivrance de la Terre sainte. Plus tard encore, en 1300, le pape Boniface VIII l'accorda à tous ceux qui viendraient, pour le jubilé, à Rome, visiter les lieux saints, y apporter leurs offrandes et y faire les dévotions prescrites. Cette fois aussi, l'indulgence fut étendue à ceux qui donneraient de l'argent pour quelque œuvre sainte. Les papes se procurèrent ainsi un revenu immense. Et voici comment on justifiait ce pouvoir exhorbitant qu'ils s'arrogeaient. Christ, disait-on, a acquis à l'Église un trésor de mérites par sa sainte vie et sa mort expiatoire. Tous les saints ont fait plus de bonnes œuvres qu'il n'en fallait pour leur salut. Cet excédent de bonnes œuvres, joint aux mérites de Christ, constitue un trésor inépuisable dont l'administration est confiée au Saint-Père, qui peut y puiser la somme de mérites nécessaire pour combler le déficit des pauvres âmes pécheresses ; à lui seul il appartient de déterminer les conditions qu'il faut remplir pour s'assurer ce bienfait. — Pour délivrer les âmes du purgatoire (car l'indulgence s'étendait aussi aux morts) l'argent suffisait ; aux vivants on demandait, outre argent, la confession et la contrition.

A l'époque où nous sommes arrivés, le trône pontifical était occupé par Léon X, prince de la famille des Médicis. C'était un ami des arts, un protecteur des artistes et des poètes, spirituel, aimable, mais dissolu et incrédule, sachant à l'occasion plaisanter agréablement sur « la fable « du Christ qui lui rapportait tant d'argent. » Or, il lui en fallait beaucoup, d'abord pour sa politique et ses plaisirs, puis aussi pour achever la construction de l'église de saint Pierre. Pour s'en procurer, il eut recours à la vente des Indulgences. Il fit donc savoir, par une bulle, à toute la chrétienté, que, « comme successeur du prince des apôtres, il devait se mettre en souci d'édifier la cour céleste et de sauver les âmes qui lui étaient confiées. Comme beaucoup de fidèles éloignés ne pouvaient concourir à l'édification de l'église de saint Pierre, il avait décidé, pour contribuer au salut de leur âme et en suivant l'exemple du Sauveur, de leur en fournir l'occasion par l'indulgence, se confiant à la grâce de Dieu et aux mérites des saints, et dans la plénitude de son pouvoir apostolique; enfin pour concourir encore plus au salut des pécheurs, il avait décidé que les âmes du purgatoire bénéficieraient aussi du trésor de l'Église. »

Cette indulgence devait s'appliquer, non-seulement aux péchés ordinaires, mais encore à tous les crimes, sauf cependant la conspiration contre la personne du pape, le meurtre d'un prélat et quelques autres cas semblables. Pour ceux qui achetaient l'indulgence, l'église de Saint-Pierre se transportait en quelque sorte au lieu où ils se trouvaient, avec toute sa sainteté et toutes ses grâces. « Toi, « prêtre, disait le commissaire pontifical que nous allons voir « à l'œuvre, toi gentilhomme, marchand, toi, femme, jeune « fille, fiancée, toi, jeune homme, toi, vieillard, entre dans « ton église paroissiale, qui maintenant est l'église de « Saint Pierre, et va visiter la sainte croix qui y a été « élevée pour toi. »

En Allemagne, Léon X confia la gérance de la vente des Indulgences à Albert de Brandebourg, prince-électeur de Mayence, archevêque de Magdebourg, administrateur du diocèse d'Halberstadt, archi-chancelier de l'Empire, primat de Germanie; la moitié du profit devait être pour lui. Ce prince de l'Église trouva un digne commissaire dans la personne du fameux dominicain Jean Tetzel, aventurier débauché, qui avait déjà subi une condamnation à mort pour adultère; mais homme entreprenant, audacieux, ayant une certaine éloquence et sachant remuer les masses. « Il convenait à l'entreprise, dit

Michelet, pouvant se donner comme pièce probante et dire : Regardez-moi ! Voilà celui que l'indulgence a blanchi. Après ce tour de force que ne fera-t-elle point ? »

Albert de Mayence rédigea une instruction détaillée pour servir de règle à ses agents. On y voit clairement dans quel esprit fut conduit ce scandaleux commerce, car c'est un chef-d'œuvre de raffinement et de cynisme, pour extorquer de l'argent à tout le monde ; on y exploite les vivants et les morts ; tout y est mis à prix ; tout péché y est taxé et peut être lavé pour une somme modique. Mais cela ne suffisait pas encore à Tetzel ; il dépassa même cette instruction, et n'eut aucun souci des anciennes règles canoniques, la pénitence et la confession, qui devaient tempérer un peu ce que cette vente avait de révoltant. « Que le peuple sache, disait-il, que malgré la confession « et la pénitence, il faut encore expier tout péché mortel « par sept années de peines, soit dans cette vie, soit au pur- « gatoire. Or, on commet chaque jour beaucoup de péchés « mortels ; en quelques mois, en quelques années une « quantité innombrable. Calculez ce que cela produira de « tourments dans le purgatoire. Mais ici, vous pouvez en « avoir l'indulgence complète ; pour un quart de florin, « vous pouvez assurer à l'âme immortelle l'entrée libre dans « le paradis. » Ne se contentant point des péchés connus, il inventait des crimes extraordinaires, imaginait des infamies étranges, inouïes, auxquelles personne ne songea jamais ; et quand il voyait son auditoire frappé d'horreur, il ajoutait froidement : « Eh bien, tout cela est expié, dès que l'argent sonne dans la caisse. »

On comprend sans peine quel dut être le résultat de cette vente ainsi conduite ; la masse du peuple fut démoralisée et corrompue ; la religion tomba dans le mépris ; les pouvoirs réguliers perdirent toute autorité. Les âmes honnêtes furent indignées, reconnaissant qu'il n'y avait là qu'une odieuse spéculation. Des voix s'élevèrent de toutes parts, toujours plus hardies, pour protester contre cette abomination ; le peuple murmurait ; une sourde colère couvait en lui, et l'on rapporte plus d'un trait montrant l'hostilité, tantôt railleuse, tantôt irritée des diverses classes de la société. Ainsi, pour ne citer qu'un seul exemple, un gentilhomme de la Marche de Brandebourg, le sire de Hacke, vint un jour acheter une indulgence pour un crime qu'il se proposait de commettre prochainement ; elle lui fut vendue fort cher. Il alla ensuite, avec quelques hommes d'armes, se poster au coin d'un bois, sur le passage de Tetzel, et quand celui-ci vint avec ses coffres remplis, il lui enleva tout son argent, en lui présentant sa lettre d'indulgence. Tetzel s'en plaignit auprès de l'empereur Maximilien, mais il ne fut pas écouté et il n'eut pas les rieurs de son côté.

Tetzel voulut aussi exploiter le duché de Saxe, où régnait alors l'électeur Frédéric le Sage. C'était un prince d'une grande piété, qui, de plus, sollicitait une distinction de la cour pontificale, la rose d'or bénite par le pape et accordée chaque année à quelque prince que la cour de Rome avait intérêt à gagner ou à ménager. Frédéric avait jadis entrepris le pèlerinage de la Terre-Sainte, et il avait fait de Wittenberg une sainte ville, en y réunissant, au prix de beaucoup d'argent, la plus riche collection de reliques ; il y en avait, selon les uns, plus de 5,000, selon d'autres, 19,013 ; et, dans le nombre, quelques-unes des plus précieuses. Quand ces reliques étaient exposées à la vénération du public, on pouvait, en un seul jour, en visitant tout le sanctuaire, gagner des indulgences pour 1,443 ans ; aussi, y accourait-on de tous les pays, et l'église du Château ou de Tous les Saints, à Wittenberg, faisait-elle concurrence au sanctuaire de saint Jacques de Compostelle. « Heureux ceux qui se rendent participants de toutes ces grâces ! » dit l'auteur d'un petit livre, décrivant ce saint lieu. Il semblait qu'un prince aussi dévot dût accueillir avec empressement Tetzel et ses indulgences. Mais il lui interdit l'entrée de ses états, déterminé peut-être par l'intérêt, car son pays avait été précédemment exploité. Tetzel vint alors s'établir sur la frontière du duché, à Jüterbock ; il y attira un grand nombre de Saxons qui vinrent remplir ses caisses ; riches et pauvres lui apportaient ce qu'ils avaient, pour délivrer quelqu'un de leurs parents des souffrances du purgatoire ou pour s'épargner à eux-mêmes l'humiliation de la confession ou la peine de la contrition ; il semblait que l'impudent dominicain réussît à braver les défenses du prince le plus puissant et le plus respecté de l'Empire. Mais c'est alors qu'il rencontra l'homme qui devait le réduire au silence et mettre un terme à son odieux trafic.

---

§ 2. — LES QUATRE-VINGT-QUINZE THÈSES

C'est en 1516 que Luther entendit parler, pour la première fois, de la vente des Indulgences ; il était alors à Grimma, en tournée d'inspection, avec Staupitz et Wenceslas Link, un de ses meilleurs amis. Ayant appris la façon scandaleuse dont Tetzel se livrait à ce trafic, il eut un mouvement d'indignation et s'écria : « Eh bien ! s'il plaît à Dieu, je ferai un trou à son tambour ! » Cependant il ne fit rien alors, car jamais encore il n'avait sérieusement examiné cette question. « Je ne comprends pas assez cette affaire, dit-il ; je vous avoue mon ignorance. » Mais du jour où il fut atteint dans l'exercice de son ministère, il lui fut impossible de garder le silence plus longtemps. Il nous raconte lui-même comment cela arriva : « J'étais en ce temps-là prédicateur ici, au couvent, et jeune docteur tout frais émoulu, ardent et enthousiaste de l'Écriture Sainte. Comme beaucoup de gens de Wittenberg couraient pour acheter des indulgences à Jüterbock et à Zerbst, et que moi, aussi vrai que mon Seigneur Jésus-Christ m'a sauvé, je ne savais pas ce qu'était l'indulgence, ce que du reste personne ne savait, je commençai à prêcher qu'on pourrait faire quelque chose de meilleur et de plus sûr que d'acheter des indulgences. »

Ne devait-il pas, comme prêtre, veiller sur les âmes qui lui étaient confiées? Ne devait-il pas les amener à la grâce de Dieu en Jésus-Christ, seule source du salut, et à laquelle on n'arrive que par la foi? Or voici que ses ouailles venaient au confessionnal avec des lettres d'indulgence, et lui demandaient de les accepter en place de repentance. Il devait combattre cette erreur. Mais il ne pensait nullement alors se mettre en insurrection contre Rome; il pensait encore moins soulever l'Europe entière; personne ne fut plus surpris que lui du retentissement qu'eurent ses thèses. Il voulait seulement, en se conformant à une habitude de ce temps, provoquer une discussion académique et peut-être forcer ainsi l'Église à se prononcer plus clairement et à réprimer le scandale.

Il choisit pour cela le jour de la Toussaint; c'était le jour où l'on exhibait les reliques à Wittenberg. De nombreux pèlerins y accouraient de toutes parts, non-seulement des laïques, mais aussi des prêtres et des théologiens. Le 30 octobre 1517, Luther prêcha son *Sermon sur les Indulgences*, et le 31, à midi, il afficha à la porte de l'église du Château ses 95 thèses ou propositions, qu'il s'offrit à défendre dans une discussion publique contre quiconque voudrait les attaquer. Il n'avertit de son dessein que deux hommes: son ordinaire, Jérôme Scultetus, évêque de Brandebourg, et l'archevêque électeur Albert de Mayence, le patron de Tetzel; à ce dernier il envoya une copie de ses thèses, accompagnée d'une lettre fort curieuse, humble d'abord, puis énergique et presque menaçante: « Père vénérable, écrit-il, prince très illustre, veuille Votre Grâce jeter un œil favorable sur moi, qui ne suis que cendre et poussière, et agréer ma demande avec la douceur épiscopale........ Bon

Dieu, les pauvres âmes seront donc enseignées pour la mort et non pour la vie, et elles le seront, excellent père, sous le sceau de votre autorité! Vous en rendrez un compte terrible, dont la gravité va toujours en croissant..... Le premier et le seul devoir des évêques, c'est de faire en sorte que le peuple apprenne l'Évangile et la charité de Christ. Nulle part, Christ n'a commandé de prêcher les indulgences; mais il a ordonné, de la manière la plus pressante, que l'on prêchât l'Évangile. »

Cette lettre, naturellement, resta sans réponse et sans résultat.

Il ne faudrait pas chercher dans les Thèses un exposé de doctrine; Luther ne voulait point y enseigner le chemin du salut, mais seulement y traiter un point spécial de la pénitence: la place qui doit y être assignée aux indulgences. « Ils ne nous ont rien laissé de la pénitence, écrit-il à Staupitz, rien que de sèches satisfactions extérieures, et justement alors que mon cœur brûlait de semblables pensées, éclatent tout à coup les trompettes qui annoncent l'indulgence et le pardon des péchés. Ne voulant pas soutenir une cause si insensée, j'ai résolu de l'attaquer avec mesure, et, appuyé sur l'autorité de tous les docteurs, de jeter un doute sur leurs doctrines. »

En effet, il ne songe nullement à attaquer l'autorité de l'Église et du pape; il veut seulement exposer ses doutes aux savants. Aussi ses thèses ont-elles pour titre : » Dissertation du docteur Martin Luther, théologien, pour expliquer le pouvoir des Indulgences. Les thèses seront soutenues à Wittenberg, sous la présidence du révérend Martin Luther, etc. » Comme il s'adressait à des savants, il les rédigea en latin.

En voici les principales :

« 1. En disant : « Faites pénitence », notre Maître et Seigneur Jésus-Christ a voulu que la vie entière des fidèles fût une pénitence. — 5. Le pape ne veut et ne peut remettre d'autres peines que celles qu'il a imposées lui-même de sa propre autorité, ou de par l'autorité des canons. — 13. La mort délie de tout : les mourants sont déjà morts aux lois canoniques, et celles-ci ne les atteignent plus. — 20. Par la rémission plénière de toutes les peines, le pape n'entend parler que de celles qu'il a imposées lui-même, et non de toutes les peines en général. — 21. C'est pourquoi les prédicateurs des indulgences se trompent quand ils disent que les indulgences du pape délivrent l'homme de toutes les peines et le sauvent. — 27. Ils prêchent des inventions humaines, ceux qui prétendent qu'aussitôt que l'argent résonne dans leur caisse, l'âme s'envole du purgatoire. — 28. Ce qui est certain, c'est qu'aussitôt que l'argent résonne, l'avarice et la rapacité grandissent... — 32. Ils seront également damnés, avec ceux qui les enseignent, ceux qui pensent que des lettres d'indulgence leur assurent le salut. — 33. On ne saurait trop se garder de ces hommes qui disent que les indulgences du pape sont le don inestimable de Dieu par lequel l'homme est réconcilié avec lui. — 36. Tout chrétien vraiment contrit a la rémission entière de la peine et du péché, et cela sans lettre d'indulgence. — 37. Tout vrai chrétien, vivant ou mort, participe à tous les biens de Christ et de l'Église, par la grâce de Dieu et sans lettre d'indulgence. — 39. C'est une chose extraordinairement difficile, même pour les plus habiles théologiens, d'exalter en même temps devant le peuple la puissance des indulgences et la nécessité de la contrition. — 43. Il faut enseigner aux chrétiens que celui qui donne aux pauvres ou prête aux nécessiteux fait mieux que s'il achetait des indulgences. — 48. Il faut enseigner aux chrétiens que le pape, ayant plus besoin de prières que d'argent, demande, en distribuant son indulgence, de ferventes prières plutôt que de l'argent. — 51. Il faut enseigner aux chrétiens que le pape, fidèle à son devoir, distribuerait tout son bien et vendrait, au besoin, l'église de saint Pierre pour la plupart de ceux auxquels certains prédicateurs d'indulgences enlèvent leur argent. — 62. Le véritable trésor de l'Église, c'est le très saint Évangile de la gloire et de la grâce de Dieu. — 63. Mais ce trésor est justement un objet de haine, car, par lui, les premiers deviennent les derniers. — 64. Le trésor des indulgences est, au contraire, recherché, car, par lui, les derniers deviennent les premiers. — 65. Les trésors de l'Évangile sont des filets au moyen desquels on pêchait jadis des hommes adonnés aux richesses. — 66. Les trésors des indulgences sont des filets avec lesquels on pêche les richesses des hommes. — 67. Les indulgences dont les prédicateurs vantent et exaltent les mérites, ont le très grand mérite de rapporter de l'argent. — 92. Qu'ils disparaissent donc tous, ces prophètes qui disent au peuple de Christ : « Paix, paix », et il n'y a point de paix! — 93. Bénis soient, au contraire, les prophètes qui disent : Croix, croix », et il n'y a point de croix! — 94. Il faut exhorter les chrétiens à s'appliquer à suivre Christ, leur chef, à travers les peines, la mort et l'enfer. — 95. Afin qu'ils entrent au ciel par beaucoup de tribulations, plutôt que de se reposer sur la sécurité d'une fausse paix. »

On le voit, à bien des égards, ces thèses sont encore incertaines et embarrassées; mais ce qui s'y montre clairement, c'est l'indignation qu'éprouve la franche nature de Luther contre cet abaissement de la conscience et cette corruption de la morale chrétienne. En plus d'une question dogmatique, par exemple sur le purgatoire, sur la nature même de l'indulgence, il est encore dans le vague et ne se prononce pas nettement; il expose ses doutes pour provoquer la discussion et s'instruire lui-même.

Cependant, malgré ces incertitudes, il y a une grande audace dans ces thèses; Luther réduit l'indulgence à si peu de chose, qu'elle n'a plus aucune valeur, et malgré tout son respect pour le pape, il porte les premiers coups à son autorité et diminue son prestige, en lui enlevant le ciel et l'enfer et en limitant son pouvoir aux choses de ce monde; c'est lui ôter ce qui fait sa grandeur et lui donne sa puissance. On sent aussi dans ces thèses, malgré leur forme un peu sèche, l'enthousiasme et la colère dont son âme déborde; aussi a-t-on pu dire avec quelque raison : « Sans qu'il l'ait écrit nulle part, le mot de Révolution s'y lit à chaque ligne. »

L'effet des thèses fut immense. Fr. Myconius rapporte qu'un mois après, elles circulaient dans toute la chrétienté; « c'est, ajoute-t-il, comme si les anges du ciel s'en étaient faits les messagers. » Au commencement, Luther fut isolé; on s'effrayait de son audace. Mais il ne paraît pas en avoir été affecté bien vivement : « Si ce n'est pas commencé au nom de Dieu, dit-il, cela tombera vite; mais si c'est commencé au nom de Dieu, laissez faire Dieu; celui qui veut tenter quelque entreprise sainte, n'a qu'à commencer, en se fondant sur la bonté de Dieu, et non sur l'appui et le secours des hommes. Mais qu'il ne craigne pas les hommes, ni le monde entier, car cette parole ne mentira point : Il est bon de s'attendre à l'Éternel. »

Quand il porta la question devant le peuple, par la prédication, il acquit rapidement de nombreux adhérents, surtout dans le monde de la bourgeoisie. « Comme tous les évêques et les docteurs se turent et que personne ne voulait attacher le grelot, parce que les inquisiteurs dominicains avaient effrayé tout le monde par la menace du feu, on vanta le docteur Luther. — C'en est un, disait-on, qui du moins ose s'en mêler. »

---

§ 3. — LUTTE CONTRE LES DOCTEURS DE ROME

C'est du jour où Luther afficha ses quatre-vingt-quinze thèses (31 octobre 1517) que l'on date le commencement de la Réformation; les Thèses furent en effet comme la première cloche d'alarme. Cependant le bruit qui se fit autour d'elles se serait peut-être éteint, si les adversaires de Luther ne s'étaient eux-mêmes chargés, dans leur orgueilleux aveuglement, d'arrêter l'attention publique sur toutes ces questions. Eux-mêmes aussi, par leurs attaques souvent inconsidérées, amenèrent Luther à approfondir et à éclaircir ces questions, et à porter des coups toujours plus décisifs à l'antique édifice du Moyen-Age.

Tetzel essaya d'abord de répondre à Luther et de regagner la confiance du public, en accusant son adversaire d'hérésie; mais il échoua misérablement.

Ce fut ensuite un dominicain de Rome, Sylvestre Prierias, maître du sacré palais, qui s'attaqua au réformateur; il le traita avec un dédain souverain, exaltant l'autorité divine du pape dont il faisait une sorte de Dieu sur la terre. « L'Eglise catholique, disait-il, comprend le ciel et la terre. Ici-bas elle est une puissance visible. Le pape est le premier prince temporel du monde et le représentant de Dieu. Il règne sur l'univers et ses lois lient le monde, qu'elles soient acceptées ou non par les conciles. Tous lui doivent obéissance, sous peine de mort éternelle. » — A l'infaillibilité du pape, Luther oppose celle des Écritures; il appelle Rome une Babylone, une Synagogue de Satan.

Un inquisiteur de Cologne, Hochstraten a recours à un autre procédé; il ne s'attarde pas à la discussion; ce n'est pas avec des arguments, mais avec le fer et le feu qu'il veut vaincre l'hérétique. Celui-ci lui répond : « Va ton chemin, homme de sang; ne m'appelle pas chrétien, de peur qu'on ne croie que tu mens. »

Vient ensuite un adversaire plus redoutable, le docteur Jean Eck d'Ingolstadt, homme savant, peu versé il est vrai dans les Écritures, mais d'autant plus dans les écrits des Pères et des docteurs; il attaque Luther sur la doctrine de la pénitence, et celui-ci, pour la première fois, expose la vraie notion du péché et affirme la nécessité de la foi pour obtenir la grâce des sacrements.

Ainsi la lutte s'échauffe, la discussion se précise; les

erreurs, les mensonges et les abus de Rome sont toujours plus nettement dévoilés; les esprits s'agitent, et le pape Léon X, qui d'abord n'avait vu dans tout cela qu'une querelle de moines, est obligé d'intervenir directement. Il envoie à Luther (7 août 1518) une citation à comparaître à Rome dans le délai de soixante jours, pour répondre à l'accusation d'hérésie et sous peine d'excommunication. Luther ne s'en émeut pas. « Dieu seul, dit-il, pouvant faire entrer dans sa communion intérieure, le péché seul la brise; mais nulle puissance humaine n'en peut exclure; nul ne peut donner ni ravir à une âme la foi, l'espérance, la charité. Etre excommunié injustement, c'est une gloire, une joie céleste. Heureux celui qui meurt injustement excommunié. »

S'il se rendait à Rome, sa carrière était terminée. Or il était l'illustration de l'Université de Wittenberg. Ses amis, pas plus que son prince n'eussent voulu l'exposer. Frédéric le Sage avait du reste une nature trop droite pour abandonner à la vengeance de ses ennemis un homme qui n'avait jamais été régulièrement entendu et jugé. Il put d'autant mieux résister à cet ordre de Rome, que l'empereur Maximilien lui-même était à cette époque assez bien disposé pour Luther dont il avait, dit-on, lu les thèses. On rapporte qu'un jour il dit à un conseiller de l'électeur, Degenhard Pfeffinger : « Que fait votre moine? En vérité « ses thèses ne sont pas à mépriser. Il va commencer un « fier jeu avec la prêtraille; » on ajoute qu'il fit recommander à Frédéric « de bien garder le moine, parce qu'on pourrait avoir besoin de lui. »

Frédéric le Sage obtint que Luther fût cité à Augsbourg, où la diète de l'Empire était alors assemblée; le pape chargea donc son légat, le cardinal Cajetan, de l'entendre, ou plutôt de lui demander une rétractation et au besoin de s'emparer de lui et de l'amener à Rome.

Malgré cela, on eut peur à Wittenberg; les amis de Luther lui donnèrent les conseils les plus prudents; mais il répondit : « Plus ils menacent, et plus je suis joyeux. Celui qui est pauvre ne craint rien et n'a rien à perdre. Je n'ai ni argent, ni bien, et je n'en demande point. Il ne me reste que ce corps affaibli et misérable; s'ils veulent le prendre, ils me rendront peut-être plus pauvre de quelques jours à vivre, mais ils ne pourront prendre mon âme. » Il partit donc à pied, revêtu d'un froc vieux et usé; à Nuremberg, son ami Wenceslas Linck dut lui en prêter un autre. Arrivé près du terme de son voyage, malade et brisé, il ne put continuer sa marche; une voiture l'amena à Augsbourg, muni d'un sauf-conduit de l'empereur; il y arriva le 7 octobre 1518.

Il comparut devant le légat, qu'il aborda avec une humilité excessive, lui prodiguant les plus grandes marques de respect; le cardinal, de son côté, se montra paternel et bienveillant. Mais comme le moine refusa de se rétracter, s'il n'était convaincu par des textes de l'Écriture, le cardinal devint violent, impérieux, et pérora à perdre haleine. Luther, à son tour, éleva la voix et oublia les égards qu'il devait à un prince de l'Église. Cajetan s'écria : « Frère, « frère, hier tu étais convenable; aujourd'hui c'est tout le contraire, » et il le congédia en disant : « Va, rétracte-toi, « ou ne reparais plus devant mes yeux. » Il dit ensuite à Staupitz, selon le rapport de Myconius : « Je ne veux plus « parler à cette bête allemande, car elle a dans la tête des « yeux profonds et des spéculations surprenantes. » Cette tentative échoua donc complètement. Cajetan eût sans doute été prêt à faire des concessions sur la nécessité de la foi dans les sacrements, mais il fut inflexible sur un autre point : le trésor des indulgences; c'est ce qui fit dire à Staupitz : « On voit bien qu'à Rome on tient plus à l'argent qu'à la foi. »

Après quelques jours d'attente, Luther, craignant d'être arrêté malgré son sauf-conduit, s'enfuit d'Augsbourg : « Le docteur Staupitz, raconte-t-il, me procura un cheval, et le conseil me fit accompagner par un vieux courrier de la ville, connaissant bien les chemins. Je partis sans bottes, sans éperons et sans épée et allai jusqu'à Nuremberg. Le premier jour je franchis une distance de huit milles; arrivé à l'hôtellerie je me sentis si las, en descendant de cheval à l'écurie, que je ne pus me tenir debout et tombai sur la litière. » Il arriva à Wittenberg le 31 octobre, juste un an après qu'il eût affiché ses Thèses.

Rome ne procéda pas aussitôt contre lui. L'empereur Maximilien était mort sur ces entrefaites; le pape avait donc à ménager l'électeur Frédéric le Sage, le prince le plus puissant et le plus considéré de l'empire. La rudesse de Cajetan ayant beaucoup contribué à faire échouer la tentative d'Augsbourg, le pape chargea de ces négociations un diplomate plus habile et plus délié, son camérier Charles de Miltitz, qui de plus avait l'avantage d'être Saxon. Celui-ci eut (janvier 1519) un entretien avec Luther à Altenbourg, et le combla d'amabilités. Mais ce dernier n'en fut pas dupe. « Nous nous séparâmes, dit-il, dans les meilleures termes; il me donna un baiser de Judas; il versa même des larmes et je fis semblant de ne pas comprendre ces larmes de crocodile. » Il promit cependant de garder le silence et de ne plus rien publier sur les questions controversées, à la condition toutefois que ses adversaires feraient de même. Enfin, il écrivit au pape une lettre d'une humilité extrême, dans laquelle il dit reconnaître que le pouvoir de l'Église romaine était au-dessus de tout, que rien, ni dans les cieux, ni sur la terre, ne pouvait lui être préféré, sauf, ajoute-t-il, Jésus-Christ, le Seigneur de tous. « Je l'ai fait, et sans difficulté, dit-il, puisque j'honore même la puissance que le Turc tient de Dieu. Que Rome me laisse l'Évangile, je la tiens quitte du reste. » Il sentait d'ailleurs que cette trève ne serait pas de longue durée. « A mon sens, écrit-il à son ami Wenceslas Link, toute cette affaire n'est pas même encore commencée; il s'en faut donc que les grands seigneurs de Rome puissent espérer qu'elle soit terminée. »

Ce fut le docteur Eck qui ralluma la guerre. Peu satisfait

sans doute des lauriers qu'il avait gagnés par ses pamphlets, il résolut de provoquer Luther à une discussion publique, à Leipzig, où le duc Georges et l'Université étaient peu favorablement disposés pour le professeur de Wittenberg. Cependant il n'osa rompre ouvertement la trêve qui venait d'être conclue avec tant de peine. Il provoqua donc un collègue de Luther, André Bodenstein, surnommé Carlstadt, mais il publia en même temps un écrit plein d'attaques venimeuses contre Luther, et treize thèses sur « l'Indulgence et le pouvoir du pape », dans lesquelles le réformateur était directement visé. Il espérait ainsi le contraindre de rompre le silence. Il ne se trompa point.

En effet, Luther indigné de ce procédé, accepta le défi : « C'est désormais une lutte sans trêve ; qu'elle soit la bienvenue ! Jusqu'ici nous n'avons fait que jouer : écrasons maintenant ces vipères et renversons la tyrannie romaine. C'est le Seigneur qui m'entraîne, et je le suis. »

Il partit donc avec Carlstadt pour Leipzig, accompagné en outre d'un tout jeune professeur nouvellement appelé à Wittenberg, et qui devait devenir son meilleur ami et son collaborateur ; c'était Philippe Mélanchthon, alors âgé de vingt-deux ans, mais jouissant déjà d'une grande réputation de savant.

Un humaniste célèbre, Mosellanus, qui assista à cette solennité académique et qui y fit la connaissance de Luther, nous trace le portrait de ce dernier : « Luther, dit-il, est de stature moyenne ; son corps est si maigre et si fatigué par les soucis et les études, qu'on pourrait presque compter ses os. Il est dans la force de l'âge ; sa voix est claire et pénétrante. Sa science et sa connaissance des Écritures sont admirables ; il les a tout entières dans sa main. Il a du grec et du latin une connaissance suffisante pour tout interpréter, et avec cela une extraordinaire provision de choses et de mots ; ses manières sont affables, affectueuses ; rien en lui de sombre ou de hautain. Il se fait à tout. En société il est agréable, gai, toujours tranquille et plein de sérénité,

Luther à l'époque du Colloque de Leipzig
(Gravure de Lucas Cranach, de 1520)

quelles que soient les menaces de ses adversaires. Il faut croire que ce n'est pas sans l'assistance de Dieu qu'il entreprend de si grandes choses. »

Le Colloque de Leipzig s'ouvrit le 27 juin 1519, d'abord entre Eck et Carlstadt; puis, entre Eck et Luther. Eck était un rude jouteur, doué d'une mémoire prodigieuse, ayant une voix forte et une grande facilité de parole; il connaissait merveilleusement les écrits des Pères et des docteurs de Rome, mais, ainsi que nous l'avons dit, fort peu les Écritures; il ne les citait jamais pour appuyer ses arguments; c'est ce que Luther lui reprocha : « Je déplore de ne pas voir le révérend docteur plus pénétrer dans l'Écriture qu'une araignée nageant sur la surface des eaux. Il fuit la Parole de Dieu comme le diable fuit la croix. » Pressé par son adversaire, Luther en vint à rejeter les unes après les autres toutes les autorités de l'Église romaine : les Pères, les conciles, les papes, et à ne reconnaître d'autre autorité en matière de foi que la sainte Parole de Dieu. Il eut le courage de proclamer comme chrétiennes, au milieu d'un monde hostile, des doctrines de Jean Hus qu'un concile général avait condamnées.

Les résultats de cette discussion publique furent considérables. D'un côté, Eck, qui avait réussi à compromettre Luther, put appeler désormais sur lui les foudres de Rome; de l'autre, Luther vit toujours plus clair dans sa voie et attaqua l'erreur avec une hardiesse toujours croissante. Alors commença aussi pour lui une activivité littéraire vraiment prodigieuse, qui augmenta le nombre de ses amis et hâta sa rupture définitive avec Rome.

---

§ 4. — RUPTURE AVEC ROME

C'est dans l'année qui suivit le Colloque de Leipzig (1519-1520), que Luther publia quelques-uns de ses écrits les plus remarquables. Bien qu'il ne laissât aucune attaque de ses adversaires sans réponse, la polémique ne l'absorba pas entièrement. Il pense aussi à édifier. Alors, paraissent successivement le *Commentaire sur l'Epître aux Galates*, qu'on considère avec raison comme un chef-d'œuvre, le *Commentaire sur les Psaumes*, les *Consolations aux âmes chargées et travaillées* un discours sur *le Très Saint-Sacrement du corps de Christ*, et d'autres traités; puis, trois écrits importants qui méritent de fixer notre attention; on les appelle d'ordinaire les trois écrits réformateurs.

C'est d'abord la *Lettre à la Noblesse chrétienne de la Nation allemande touchant la réforme de la chrétienté.* « Le temps du silence est passé, dit-il, le temps de parler est venu. Les Romains ont élevé une triple muraille derrière laquelle ils se sont toujours retranchés. Nulle réforme n'a pu les y atteindre, et la chrétienté est misérablement déchue. Quand on les menace de la puissance séculière, ils prétendent que celle-ci n'a aucun droit sur eux. Quand on veut les frapper au moyen de la sainte Écriture, ils répondent : Personne, sinon le pape seul, n'a le droit de l'interpréter. Quand on les menace d'un concile, ils répliquent : Le pape seul a le droit de le convoquer. C'est ainsi qu'ils nous ont volé les trois verges avec lesquelles on pourrait les châtier. Soufflons sur ces murs de papier, saisissons les verges chrétiennes et dévoilons leurs ruses infernales. »

C'est ensuite la *Captivité de Babylone*, où il présente l'Église captive sous la tyrannie romaine, et montre tout ce que Rome lui a ravi, comment, en particulier, elle lui a enlevé la notion vraie du Sacrement. Luther y rétablit l'idée évangélique du Sacrement et brise l'autorité divine que s'est arrogée le prêtre.

Enfin, cédant aux conseils de quelques amis qui se faisaient encore illusion sur les dispositions du pape, il dédie au pape Léon X le petit livre exquis de la *Liberté chrétienne*, une des œuvres les plus simples et les plus douces qui soient sorties de sa plume, et dans laquelle il développe admirablement cette double thèse : « Le chrétien est un homme libre, maître de toutes choses; il n'est soumis à personne. Le chrétien est un serviteur plein d'obéissance; il se soumet à tous. » Une remarquable lettre à Léon X précède ce charmant écrit.

Eck, de son côté, ne perdit pas son temps; il se rendit à Rome, et le 2 juin 1520, le pape lança contre Luther la bulle *Exsurge Domine*, qui condamne quarante et une propositions tirées de ses écrits. Celui-ci est sommé de se rétracter, sinon il sera frappé des foudres de Rome.

Eck revient triomphant apporter la bulle en Allemagne. Il ne doute pas un instant que tout ne plie devant la colère du pape; mais partout il trouve le peuple soulevé. A Erfurt, les étudiants arrachent la bulle aux libraires, la déchirent et la jettent à l'eau en s'écriant : « Bulle elle est et comme bulle elle doit nager. »

Mais Luther répond au pape de la manière la plus virulente : « Pape Léon, et vous tous qui avez à Rome quelque puissance, je vous accuse et vous déclare ceci en plein visage, c'est que si cette bulle est de vous, moi, dans ma pleine autorité d'enfant de Dieu et de cohéritier de Jésus-Christ, fondé sur le roc et ne craignant point les portes de l'enfer, je vous exhorte, au nom du Seigneur, à rentrer en vous-mêmes et à mettre fin à vos blasphèmes. Si vous ne le faites pas, sachez que moi et tous les serviteurs de Jésus-Christ, nous considérons désormais votre siège comme le siège de l'Antechrist, auquel nous cessons d'être unis. »

Il ne se contente pas de parler; il consomme la

rupture avec Rome par un acte d'une audace étonnante. Le 10 décembre 1520, il fait savoir aux étudiants, par une affiche, qu'à neuf heures il brûlera publiquement la bulle, et il les invite à assister à cette cérémonie.

A l'heure fixée, les étudiants se réunissent en foule; on sort par la porte de l'Elster près de laquelle un bûcher est dressé. Quand il est allumé, Luther s'avance et y jette la bulle et les Décrétales, en disant : « Puisque tu as contristé le Saint du Seigneur, que le feu éternel te contriste toi-même et te consume. » Puis, les étudiants et les maîtres lancent dans les flammes les écrits d'Eck, d'Emser et d'autres ennemis du maître.

« Si quelqu'un me demande, dit celui-ci, pourquoi j'agis ainsi, je lui répondrai que c'est une vieille coutume de brûler les mauvais livres. Les apôtres en ont brûlé pour cinquante mille deniers. » Annonçant à Staupitz ce qu'il vient de faire, il lui dit : « J'ai d'abord tremblé et prié, mais aujourd'hui je suis heureux et ne crois pas de toute ma vie avoir ressenti une pareille joie. »

C'est qu'il a conscience d'avoir travaillé pour le Seigneur : « Je ne prétends pas être un prophète, dit-il encore, mais je déclare que ces violents qui me persécutent doivent craindre de persécuter un prophète..... Je suis certain que la Parole de Dieu est avec moi et non avec eux; voilà pourquoi leurs persécutions, loin de m'effrayer, me réjouissent et redoublent ma confiance. D'ailleurs, ils ne peuvent rien, sinon tuer mon pauvre corps que je recommande à Dieu et à ses saints. »

Luther brûle la Bulle du pape

CHAPITRE III

LE TÉMOIGNAGE

1521-1525

§ 1. — LA DIÈTE DE WORMS

En brûlant la Bulle du pape, Luther avait rompu avec Rome d'une manière éclatante. On sait que, malgré sa prétendue « horreur du sang », Rome savait armer le bras séculier pour mettre à la raison ses adversaires et les faire disparaître au besoin. Luther allait donc se trouver en présence des puissants de ce monde et être appelé à rendre témoignage devant eux avec le même courage. Il ne faillit pas à cette nouvelle tâche.

Après la mort de l'empereur Maximilien, il y eut un interrègne de six mois, pendant lequel l'électeur Frédéric le Sage, le protecteur de Luther, fut chargé du vicariat de l'Empire. On n'osa donc pas molester son protégé; ce temps de calme et de sécurité fut très favorable aux progrès de la Réforme. Mais aussitôt après l'élection de Charles, roi d'Espagne, qui devint l'empereur Charles-Quint, les ennemis du réformateur se remuèrent pour arracher au jeune prince, âgé de vingt ans à peine, la condamnation de l'odieux hérétique. Toutes les intrigues furent mises en jeu pour le circonvenir; on tenta même de décider l'électeur Frédéric le Sage à abandonner Luther, [qui,] comme le disait Erasme, « avait commis les deux grandes fautes de s'attaquer à la triple couronne du pape et au ventre des moines. »

Le 3 janvier 1521, le pape renouvela l'interdit prononcé contre Luther, ainsi que contre ses adhérents et ses protecteurs. Mais trois jours après, les États germaniques devaient se réunir autour de Charles-Quint, à la Diète de Worms, et parmi les sujets mis à l'ordre du jour, se trouvait aussi la question religieuse. « Il est impossible, disait-on, dans l'état de surexcitation où est l'Allemagne, de frapper Luther sans l'avoir entendu et sans lui avoir demandé de rétracter ses doctrines. »

L'électeur fit alors demander à Luther s'il consentirait à venir à Worms. Celui-ci était malade ; mais il répondit : « Si je ne puis aller à Worms en santé, je m'y ferai transporter malade. Car si l'Empereur m'appelle, je ne puis douter que ce ne soit l'appel de Dieu même. S'ils veulent employer contre moi la violence, comme cela est vraisemblable (car ce n'est certes pas pour s'instruire qu'ils me font comparaître), je remets la chose entre les mains de Dieu. Il vit et règne encore, celui qui conserva les trois jeunes hommes dans la fournaise. S'il ne veut point me sauver, c'est peu de chose que ma vie. Empêchons seulement que l'Évangile soit exposé aux railleries des impies ; que nos ennemis ne puissent pas dire de nous, que nous n'osons pas confesser ouvertement nos doctrines et que nous avons peur de verser notre sang ; que le Sauveur charitable nous préserve de cette honte. Sera-ce ma vie ou ma mort qui contribuera le plus au salut de tous ? Ce n'est pas à nous de le décider. Attendez tout de moi, sauf la fuite et la rétractation. Fuir, je ne puis, et me rétracter, moins encore. »

Le 6 mars, il reçut la citation avec un sauf-conduit de l'empereur ; elle portait cette adresse : « A l'honorable, notre cher et pieux Docteur Martin Luther, de l'ordre des Augustins. » L'empereur lui envoya aussi un héraut d'armes,

Gaspard Sturm, pour l'accompagner et, au besoin, pour lui servir de sauve-garde. Le magistrat de Wittenberg lui fournit une voiture, le duc Jean, frère de l'électeur, l'argent du voyage, et il se mit en route, le 2 avril, accompagné de son frère Jacques et de ses collègues et amis Juste Jonas et Nicolas d'Amsdorf. Il fit à travers l'Allemagne un voyage triomphal; partout on accourait pour voir le moine qui osait tenir tête à la toute-puissance de Rome.

Cependant des bruits alarmants se répandaient; partout on affichait un édit de l'empereur ordonnant de brûler les écrits de Luther. Le héraut, inquiet, demandait s'il fallait continuer la route; les amis essayaient d'arrêter le réformateur. Mais lui, inébranlable, répondit : « J'irai à Worms, y eût-il dans cette ville autant de diables que de tuiles sur les toits. Si Hus a été brûlé, la vérité ne l'a point été. » A Eisenach, il tomba malade : « Mais, dit-il, Christ est vivant et nous arriverons à Worms en dépit de toutes les portes de l'enfer et de toutes les puissances de l'air. » C'est le 16 avril, à dix heures du matin, qu'il entra dans cette ville. « Je suis entré à Worms sur un char couvert et dans mon froc, raconte-t-il. Tout le monde accourait dans les rues et voulait voir le moine Martin. » En vain les partisans de Rome pressèrent-ils Charles-Quint d'en finir avec lui comme jadis Sigismond avec Jean Hus, puisqu'on n'est pas tenu de garder la parole donnée à un hérétique; le jeune empereur refusa de commettre cette infamie.

Le 17 avril, à quatre heures de l'après-midi, Luther comparut pour la première fois devant la Diète. La foule qui se pressait dans les rues et jusque sur les toits, était si compacte sur son chemin, qu'on dut le faire passer par les maisons et les jardins. L'official de Trèves, Jean de Eck (qu'il ne faut pas confondre avec son homonyme le Docteur Jean Eck d'Ingolstadt) lui demanda s'il était l'auteur des livres réunis sur une table et s'il était disposé à les rétracter. Il répondit : « Comme c'est là une question qui concerne l'âme, la foi, le salut, la Parole de Dieu, la plus grande chose qui soit sur la terre et dans le ciel, j'agirais avec imprudence si je répondais sans réflexion. » Il obtint donc un sursis de vingt-quatre heures. Dans ce premier jour, il avait produit sur l'assemblée une pauvre impression; il avait parlé d'un ton si respectueux et d'une voix si douce, qu'on crut qu'il avait peur. Aussi l'empereur doit-il avoir dit à l'un de ses courtisans : « Certes, ce ne sera jamais cet homme-là qui me fera devenir hérétique. » Cependant les encouragements ne lui avaient pas manqué. Le vieux général Georges de Frondsberg l'avait arrêté au moment où il entrait dans la salle et lui avait dit, en lui frappant sur l'épaule : « Petit moine, petit moine! tu as devant toi une marche et une affaire telles que moi, ni bien des capitaines, n'en avons jamais vu de pareille dans la plus sanglante de nos batailles. Mais si ta cause est juste et si tu en as l'assurance, avance au nom de Dieu et ne crains rien. Dieu ne t'abandonnera point. » Plusieurs princes même s'étaient approchés de lui, pour l'encourager et lui avaient dit : « Ne craignez pas ceux qui peuvent tuer le corps, mais qui ne peuvent faire mourir l'âme. »

Luther, du reste, ne manquait nullement de courage; il savait bien qu'il défendait la cause de Christ et de la vérité et que son Maître serait avec lui; et si la crainte venait à faire défaillir son cœur, il avait un moyen sûr de la surmonter, la prière, qui a fait sa force pendant toute sa vie, dans les moments les plus périlleux. Il y eut aussi recours en cette circonstance. Quelques amis l'entendirent et écrivirent, à son insu, ce qu'il disait à son Dieu. Nous sommes heureux de cette indiscrétion qui nous a conservé cette belle et puissante prière : « Dieu tout-puissant! disait-il; Dieu éternel! Que le monde est terrible! Comme il ouvre la bouche pour m'engloutir, et j'ai peu de confiance en toi! Que la chair est faible et que Satan est puissant! Si c'est dans ce qui est puissant selon le monde que je dois mettre mon espérance, c'en est fait de moi! La cloche est fondue, le jugement est prononcé. O Dieu, ô

Dieu, toi mon Dieu, assiste-moi contre toute la sagesse du monde! Fais-le; tu dois le faire, toi seul, car ce n'est pas mon œuvre, mais la tienne. Je n'ai ici rien à faire, je n'ai rien à débattre, moi, avec ces grands du monde. Moi aussi je voudrais couler des jours heureux et tranquilles. Mais la cause est la tienne, et elle est juste et éternelle. O Seigneur, sois-moi en aide! Dieu fidèle, Dieu immuable, je ne me repose sur aucun homme; c'est en vain; tout ce qui vient de l'homme défaille. O Dieu, ô Dieu, n'entends-tu pas? Mon Dieu, es-tu mort? Non, tu ne peux mourir, tu te caches seulement. Tu m'as élu pour cette œuvre, je le sais; eh bien! agis donc, ô Dieu, tiens-toi à côté de moi, pour l'amour de ton Fils bien-aimé, Jésus-Christ, qui est ma défense, mon bouclier et ma forteresse, par la puissance et la force de ton Saint-Esprit. Seigneur, où restes-tu? O mon Dieu, où es-tu? Viens, viens, je suis prêt. Je suis prêt à laisser ma vie pour ta vérité, patient comme un agneau. Car la cause est juste, et c'est la tienne. Je ne me détacherai point de toi, ni maintenant, ni dans l'éternité. Et quand le monde serait rempli de démons; quand mon corps, qui est pourtant l'œuvre de tes mains, devrait mordre la poussière, être étendu sur le carreau, coupé en morceaux, réduit en poudre, mon âme est à toi. Oui, j'en ai pour garant ta Parole. Elle t'appartient et elle demeurera éternellement près de toi. Amen, ô Dieu, aide-moi. Amen. »

Le 18 avril, encore à quatre heures, Luther se rendit pour la seconde fois à la Diète; il dut attendre deux heures avant d'être introduit. L'official lui parla avec assez de dédain et lui adressa de nouveau la même question que la veille. Il lui répondit d'un ton ferme et assuré, et dit en substance : « Il est certains de mes livres où j'ai traité de la foi et des mœurs d'une manière si pure, que mes adversaires eux-mêmes le reconnaissent. Si je les reniais, que ferais-je, sinon de condamner la vérité reconnue? J'ai écrit secondement contre la papauté et la doctrine des papistes qui désolent le monde. Si je reniais ces livres, je ne ferais qu'affermir un enseignement impie. Il en est d'autres que j'ai écrits contre certaines personnes. Je confesse avoir été à leur égard plus vif qu'il ne convenait. Je ne les rétracte pas non plus, parce que par là j'autoriserais leur tyrannie. Mais comme je suis homme, je puis m'être trompé. Je demande donc à être réfuté par les écrits des apôtres et des prophètes ; et dès qu'on m'aura convaincu, je rétracterai mes erreurs et jetterai mes livres au feu. Prenons garde, en voulant amener la paix par la persécution de la Parole de Dieu, de faire descendre sur nous un déluge de maux. »

Il avait parlé en allemand ; or l'empereur ne comprenait que très imparfaitement cette langue. On lui demanda de répéter ce qu'il avait dit, en latin. Puis l'official lui répliqua rudement, lui disant qu'il était malséant de remettre en question des points que l'Église avait condamnés depuis des siècles ; il n'avait donc qu'une seule chose à faire, c'était de répondre si oui ou non, il voulait se rétracter. C'est alors que Luther fit cette réponse bien connue : « Puisque Votre Majesté Impériale et vos Seigneuries me demandent une réponse nette, je vais vous la donner sans cornes ni dents. Si l'on ne me convainc par le témoignage de l'Écriture ou par des raisons décisives (car je ne crois ni aux papes, ni aux conciles seuls, puisqu'il est clair comme le jour qu'ils ont souvent erré et se sont contredits, je suis dominé par la Sainte Écriture et ma conscience est liée par la Parole de Dieu), je ne peux ni ne veux me rétracter en rien ; car il est dangereux d'agir contre sa propre conscience. » Puis, après quelques paroles échangées, et au milieu du trouble et du tumulte soulevés par cette déclaration, Luther s'écria : « Me voici, je ne puis autrement. Que Dieu me soit en aide. Amen. »

Il fut ramené à l'hôtellerie. Ses amis tremblaient pour lui ; mais il leur dit : « Et si j'avais mille têtes, j'aimerais mieux les laisser toutes couper que de me rétracter. »

Cependant plusieurs princes vinrent le visiter. Le vieux

duc Eric de Brunswick lui envoya un broc de bière, et lui fit dire de s'en réconforter sans craindre aucun mal, vu qu'il en avait bu d'abord. Luther fut touché de cette marque de bienveillance : « Comme aujourd'hui le duc Eric s'est souvenu de moi, dit-il, que Dieu se souvienne de lui dans son dernier combat. » Le duc se rappela ces paroles à l'heure de sa mort et en fut fort consolé.

On fit une dernière tentative auprès de Luther, pour obtenir sa rétractation ; mais il demeura inflexible, et résista aux menaces comme aux prières. Il quitta Worms le 26 avril, et le 25 mai, la Diète le mit au ban de l'Empire ; mais l'édit fut antidaté du 8 mai. Luther fut condamné « comme schismatique endurci, reconnu et déclaré hérétique manifeste par Sa Majesté Impériale ». Personne ne devait le recevoir, ni lui donner nourriture ou abri, et ses livres devaient être brûlés par la main du bourreau.

---

§ 2. — LA WARTBOURG

Le héraut d'armes le quitta à Francfort ; Luther prêcha en plusieurs endroits sur sa route, entre autres à Eisenach, où la plupart de ses compagnons se séparèrent de lui, de sorte qu'il ne resta avec lui que son frère et Amsdorf. Il avait quitté Moehra, le 4 mai, lorsque, dans un chemin creux, des cavaliers armés arrêtèrent sa voiture, l'en arrachèrent et l'obligèrent d'endosser un costume de cavalier ; ils le mirent sur un cheval et disparurent avec lui dans la forêt. Il avait sans doute été prévenu des intentions de son prince, car c'est sur les ordres de Frédéric le Sage, que le sire Hans de Berlepsch, commandant de la

La Wartbourg.

Wartbourg, enleva le réformateur, avec lequel il entra à minuit dans ce château fort qui domine la ville d'Eisenach. Là, il était en sûreté. Il paraît que l'empereur lui-même a soupçonné la vérité au sujet de cet enlèvement; mais la guerre ayant recommencé avec François Ier, il ne put songer à poursuivre l'exécution de l'Édit de Worms.

A la Wartbourg Luther dut porter le costume de chevalier et laisser croître ses cheveux et sa barbe. Il y vécut sous le nom de *Junker Georg* (sire George), et personne, dans son entourage, ne douta qu'il fût l'homme dont parlait toute l'Allemagne. Il put cependant rassurer ses amis sur son sort; car la désolation avait été générale, quand la nouvelle de sa disparition s'était répandue. Partout on disait : « Luther est prisonnier, il a été enlevé par des routiers; on ne sait s'il vit ou s'il est mort. » Quand Mélanchthon reçut les premières nouvelles du prisonnier de la Wartbourg, il s'écria, plein de joie : « Notre père Luther vit encore ! » C'est depuis la Wartbourg que Luther rendit compte à ses amis de la Diète de Worms. Il le fit d'une manière humoristique dans une lettre adressée au peintre Lucas Cranach : « Je pensais, dit-il, que Sa Majesté Impériale aurait assemblé une cinquantaine de docteurs pour vaincre enfin le moine; mais toute la procédure se réduisit à ceci : — Ces livres sont-il de toi ? — Oui. — Veux-tu les rétracter, oui ou non ? — Non. — Eh bien, va-t'en ! — O aveugles Allemands ! que nous sommes enfants et que nous nous laissons misérablement bafouer et moquer par les romanistes ! »

On lui permit, après quelque temps, de se promener dans les environs du château; pour le distraire, le gouverneur l'emmena aussi à la chasse; mais Luther ne put prendre plaisir à ce divertissement. « Ça été pour moi, dit-il, un mystère de douleur et de pitié. La chasse, n'est-ce pas l'image du Diable poursuivant les âmes innocentes? Mais voici le plus atroce. J'avais sauvé un petit lièvre et l'avais mis dans ma manche. Je m'éloigne; les chiens le prennent, lui cassent la jambe et l'étranglent... C'est ainsi que le pape et Satan ne pensent qu'à tuer les âmes sauvées... J'en ai assez de la chasse. »

Le repos auquel il était condamné, la vie plus confortable et les soucis causés par sa réclusion, le rendirent malade; depuis Worms déjà, il souffrait d'un dérangement d'entrailles. Accablé, en proie à d'intolérables douleurs, il s'abandonnait au découragement. « Je n'ai ni sommeil, ni repos, écrit-il à Mélanchthon; prie Dieu pour moi, cher ami, car si ce mal devait continuer à croître, il deviendrait tout à fait insupportable. » Il fut aussi de nouveau en butte à des tentations, à des luttes intérieures. Son imagination exaltée, dit M. F. Kuhn, lui représentait sa maladie comme étant l'œuvre du diable. Il avait sur ce point les croyances du moyen-âge. Son enfance passée au milieu des mineurs, peuple superstitieux; son éducation, ses luttes contre des adversaires implacables, lui faisaient apparaître le vaste monde du péché sous des formes plastiques, vivantes, merveilleuses. Il se représentait l'univers entier comme enlacé dans une lutte de géants que les puissances sataniques livrent à Dieu et à ses anges. Quand il s'abandonnait à ses pensées, il se sentait mourir; le monde satanique pesait sur lui et l'écrasait. Son amer chagrin était précisément de ne pouvoir continuer son combat si bien engagé, d'avoir cédé à une prudence tout humaine, qui, aux heures de tentation, lui semblait être une lâcheté et un reniement de Dieu.

Cependant il sut se ressaisir et se remettre au travail. Les lettres de ses amis et les nouvelles qu'ils lui donnent le raniment; il les encourage, les conseille, et les dirige dans leurs travaux. Mais ses ennemis aussi relèvent la tête, pensant être enfin délivrés de cet homme dont la voix si puissante les avait importunés. Luther leur apprend qu'il n'est pas mort, que sa force n'est pas brisée, qu'il veille toujours sur l'héritage du Seigneur.

Rien de plus curieux que les lettres qu'il échangea avec

le cardinal Albert de Mayence, celui qui avait la ferme de la vente des Indulgences. Se croyant délivré du malencontreux moine de Wittenberg qui avait fait tarir si brusquement cette mine d'or, le cardinal recommença son trafic lucratif à Halle. Aussitôt Luther lui écrivit : « Vous venez de rétablir à Halle l'idole qui fait perdre aux bons et simples chrétiens leur argent et leur âme, et vous avez publiquement reconnu par là que tout ce qu'avait fait Tetzel, il l'avait fait de concert avec l'archevêque de Mayence..... Je supplie Votre Grâce de cesser d'égarer et de piller le pauvre peuple ; de se conduire comme un évêque et non comme un loup.... Notre Dieu vit encore, n'en doutez point ; il sait encore l'art de résister à un cardinal de Mayence, celui-ci eût-il quatre empereurs de son côté... Pensiez-vous que Luther fût mort ? Non, il est sous la protection de Dieu qui a déjà humilié le pape, et tout prêt à recommencer avec l'archevêque un jeu dont peu de gens se douteront !... » Puis il le somme de lui donner, dans le délai de quinze jours, une réponse satisfaisante.

La réponse du cardinal ne se fit pas attendre ; elle fut aussi humble et soumise que la lettre de Luther avait été impérieuse. « Cher monsieur le docteur, j'ai reçu votre lettre, et je l'ai lue avec toute bienveillance et amitié... Je me conduirai désormais, Dieu aidant, comme il convient à un prince de l'Église pieux et chrétien. Je reconnais que j'ai besoin de la grâce de Dieu, et que, par moi-même, autant et peut-être plus que tout autre, je ne suis qu'un vil et infect fumier. Voilà ce que je voulais répondre à votre bienveillante exhortation, car je suis aussi disposé que possible à faire toute sorte de grâce et de bien. Je souffre volontiers la réprimande fraternelle et chrétienne, et j'espère que le Dieu miséricordieux m'accordera ses grâces et sa force pour vivre selon sa volonté, en ceci comme dans les autres choses. »

Cependant, Luther s'habitua peu à peu à sa réclusion ; et se remit au travail ; il étudia avec ardeur le grec et l'hébreu, écrivit plusieurs traités (*Petit Livre de la Confession, Contre les vœux monastiques*) et des sermons sur les évangiles et les épîtres. Enfin il commença son œuvre capitale, la Traduction de la Bible. Avant de quitter la Wartbourg, il termina tout le Nouveau Testament, qui fut imprimé en 1522, sans porter le nom du traducteur. Il se répandit rapidement dans toutes les couches de la société, et contribua au triomphe de la Réforme plus que tous les écrits théologiques.

Mais pendant que, dans son « Pathmos », il se livre à cette activité infatigable et combat sans ménagements les ennemis de l'Évangile, des troubles éclatent dans son propre camp, à Wittenberg, au sein même des partisans des doctrines nouvelles. En l'absence du modérateur puissant qui procédait en toutes choses avec une sage lenteur, les impatients veulent aller plus vite et mettre immédiatement en pratique tout ce qu'il avait enseigné et prêché. Des prêtres se marient, bien que sans bruit, de peur de scandale; des moines suivent leur exemple. Les Augustins de Wittenberg abolissent la messe et diverses cérémonies catholiques; on accorde aux moines la liberté de quitter leur couvent ou d'y rester, selon la conscience de chacun. Un prédicateur, Gabriel Didyme, va jusqu'à déclarer qu'il est impossible de faire son salut sous le froc. On distribue la Cène sous les deux espèces, et sans confession préalable; quelques étudiants brisent des autels, enlèvent aux prêtres officiants les livres de messe, et affichent des menaces contre les moines qui oseraient continuer à célébrer la messe romaine. Toutes ces innovations sont chaque fois marquées par des manifestations bruyantes. Luther blâme les excès et la précipitation, tout en justifiant les bonnes réformes. Mais vers la fin de décembre, arrivèrent à Wittenberg quelques hommes venant de Zwickau, se disant prophètes et apôtres. A leur tête était un tisserand, Nicolas Storch, et un ancien étudiant, Marc Stubner. Ils se vantaient de posséder le don de la divination, de converser familièrement

Luther traduisant le Nouveau-Testament à la Wartbourg

avec Dieu ; ils rejetaient le baptême des enfants, se disaient envoyés pour prêcher un évangile nouveau, et annonçaient le renversement de l'état social. Carlstadt, esprit étroit, faible et passionné, se laissa entraîner par eux. Mélanchthon ne savait que penser, ni que faire ; il écrivit à Luther, le suppliant de revenir ; mais l'électeur de Saxe ne voulut pas le permettre, craignant pour la sécurité du réformateur. Le désordre s'accrut ; il y eut des scènes tumultueuses ; les étudiants démoralisés quittaient l'université et beaucoup de gens honnêtes et timides abandonnèrent la réforme. L'œuvre de Luther était compromise. Alors il quitta audacieusement sa prison, malgré la défense de l'électeur, et avertit ce dernier de son retour, par une lettre débordante de confiance en Dieu : « Je reviens, écrit-il entre autres, sous une protection plus haute que celle de l'électeur ; je n'ai pas la pensée de solliciter la protection de Votre Grâce électorale, et je pense que je pourrais plutôt la protéger qu'être protégé par elle ; car si je savais que Votre Grâce électorale voulût me protéger, je ne reviendrais pas... Dans ces affaires, le glaive ne peut rien ; il faut que Dieu seul agisse, sans aucun concours humain. Aussi, est-ce celui qui croit le plus, qui protègera le mieux..... »

Le 6 mars, après dix mois de captivité, il arrive à Wittenberg. Il n'a point recours à l'autorité pour arrêter le désordre ; il ne s'adresse pas pour cela à son prince ; il ne veut d'autre arme que l'épée de l'Esprit. Aussitôt arrivé, il monte en chaire ; pendant une semaine entière, il prêche chaque jour, et dans sa prédication il montre autant de charité que de puissance. Il s'explique franchement sur toutes les réformes accomplies, traite toutes les questions avec clarté et précision ; il montre la précipitation et la puérilité de beaucoup de ces réformes et ne veut pas qu'on blesse aucune conscience, car, il ne cesse de le répéter : « La foi sans la charité n'est qu'une illusion. » A force de modération et de bon sens, il réussit ainsi à convaincre ses adversaires; le trouble cesse comme par enchantement; les esprits se calment; ceux qui avaient désespéré reprennent courage, et l'œuvre de la réforme, un instant menacée, se relève plus puissante que jamais. Luther se distingue de tous ses contemporains en ce qu'il n'a jamais voulu recourir au pouvoir séculier, mais uniquement à la parole et à la persuasion pour combattre l'erreur; sur ce point, il est en avance de plusieurs siècles sur sa génération.

---

§ 3. — LA GUERRE DES PAYSANS

Le danger qui venait de compromettre la sainte œuvre de la réforme était conjuré, mais il devait bientôt renaître plus menaçant. Carlstadt s'était laissé entièrement persuader par les fanatiques illuminés. Il avait dû quitter Wittenberg et remplissait la ville d'Orlamunde de ses prédications furibondes, soulevant la populace, brisant les images, détruisant les autels et renouvelant toutes les scènes violentes de Wittenberg. Le chef de ces enthousiastes était Thomas Müntzer, homme sombre et audacieux, d'une éloquence passionnée et d'un orgueil sans bornes; rejetant toute règle et toute autorité, il prétendait ne se laisser conduire que par l'Esprit seul. « Ils se mettent à crier: Esprit, Esprit! dit Luther; l'Esprit doit tout faire, la lettre tue! — Mais ne vous vantez pas tant de posséder l'Esprit, si vous n'avez pas la Parole révélée, extérieure; car ce n'est certainement pas un bon esprit, mais bien plutôt le diable venu de l'enfer. Car le saint Esprit a renfermé sa sagesse, son conseil et tous ses mystères dans la Parole et les a révélés dans l'Écriture, de sorte que personne n'a à s'excuser ni à chercher autre chose. » Luther ne dévia jamais de ce principe fécond, que Dieu ne se communique jamais aux hommes d'une manière immédiate, uniquement par inspiration intérieure, mais qu'il se sert toujours de moyens extérieurs, de la Parole et des Sacremenis. De plus il séparait très nettement le domaine de la religion de celui de la politique. Or, Müntzer se posait aussi en réformateur politique et se disait appelé à réformer tout l'état social; il prêchait l'abolition de toute autorité et la communauté des biens.

Luther dirigea alors contre ces fanatiques un écrit (*Contre les Prophètes célestes*) trop violent parfois, mais d'une grande beauté et d'un admirable bon sens. « Luther, dit M. F. Kuhn, y a mis dans une vive lumière la vérité à laquelle il a consacré sa vie, à savoir que tout l'Évangile consiste à se confier complètement en l'œuvre rédemptrice de Jésus-Christ, à accepter la grâce offerte, à y reposer sa vie, et à trouver dans la gratuité même de cette grâce la liberté et la joie... Frappé de l'immense péril des convictions religieuses qui ne s'appuieraient que sur la raison et le sentiment, raison variable, sentiments incertains, il s'applique à donner à la foi une base à ses yeux inébranlable. La Parole de Dieu et les Sacrements, telles sont les sources uniques de toute connaissance chrétienne, de toute foi, de toute vie. C'est là que Dieu se révèle et se donne, et nulle part ailleurs. Tout le reste est vain et ne conduit point à la connaissance; la raison est impuissanle; il faut se plier à l'ordre établi de Dieu. Voilà l'Église sauvée du caprice des hommes. »

Le peuple n'était que trop bien préparé à accueillir les prédications enflammées de ces fanatiques. L'Église et la noblesse faisaient peser, depuis des siècles, une lourde tyrannie sur les populations déjà aigries par la misère. La coupe débordait. Aussi se souleva-t-on de toutes parts, depuis le Danube jusqu'au Rhin. Les mécontents rédigèrent alors (mars 1525) un écrit renfermant leurs réclamations: *Les griefs et les doléances des Paysans, rédigés en douze articles*. Ils l'adressèrent à Luther qu'ils invoquèrent comme arbitre. Ces articles étaient très modérés et humbles dans la forme. Luther reconnaît la justesse de leurs réclamations, mais il ne veut pas qu'ils se rendent justice de cette manière. Quant aux seigneurs et aux princes, il leur dit : « C'est à vous que nous devons ce soulèvement, et surtout à vous, évêques, prêtres et moines aveuglés, car pour mener une vie luxueuse, vous exploitez et tourmentez le pauvre homme du peuple, jusqu'à ce qu'à la fin il ne puisse plus l'endurer. » Mais il était trop tard, pour faire entendre la voix de la raison. Müntzer et son acolyte Pfeiffer avaient fanatisé les paysans de la Saxe et de la Thuringe, en leur annonçant la venue du Christ. Ils se ruèrent sur les châteaux et les couvents et commirent les horreurs et les cruautés les plus révoltantes. Les ennemis de l'Évangile reprochèrent naturellement à Luther les crimes énormes commis par ces malheureux. Pour sauver son œuvre, celui-ci, outré, publia un écrit violent *Contre les paysans meurtriers et pillards*, où il appelle tout homme portant une épée à leur courir sus. Les princes ne lui obéirent que trop ; ils battirent sans peine les bandes indisciplinées, à Frankenhausen, le 15 mai 1525, et réprimèrent la révolte avec une cruauté inouïe. Alors Luther se retourna contre les vainqueurs : « On dit que les seigneurs abusent du glaive et qu'ils égorgent à leur tour... A ces chiens sanguinaires il importe peu de frapper l'innocent ou le coupable ; ils portent l'épée pour assouvir leurs passions..... Oh ! les brutes immondes, pires que des loups et des tigres ! »

Le soulèvement fut noyé dans le sang. Luther fut doux et miséricordieux pour les malheureux, et il sauva la vie à plus d'un d'entre eux, entre autres à Cellarius et à Carlstadt, qui pourtant l'avaient personnellement et cruellement offensé.

C'est au milieu de cette tourmente, le 5 mai 1525, que mourut le premier protecteur de la Réformation, l'électeur

Frédéric III, le Sage, duc de Saxe. Bien que Luther fût constamment en rapport avec lui par l'intermédiaire de Spalatin, chapelain de l'électeur, et qu'il eût échangé avec lui maintes lettres, il ne l'avait jamais vu, sauf à la diète de Worms, et ne lui avait jamais parlé. C'était un prince sage et pieux qui rendit les plus grands services à la Réforme, en la protégeant d'une manière discrète et en n'entravant pas, par son intervention, son libre développement. Il eut pour successeur son frère, depuis longtemps associé aux affaires, Jean le Constant, plus éclairé dans les questions religieuses, d'une foi plus décidée, mais ayant moins de talent.

---

§ 4. — MARIAGE DE LUTHER

Dans cette même année 1525 si douloureuse à tant d'égards pour le réformateur ; dans cette année où le sang des paysans avait coulé et où son protecteur venait de mourir, au moment même où les paysans, les seigneurs et le clergé étaient tous également irrités contre lui, Luther surprit tout le monde, amis et ennemis, par un acte tout à fait imprévu : le 13 juin 1525, il se maria.

En 1523, neuf nonnes s'étaient sauvées du couvent de Nimtschen, où avaient pénétré les doctrines nouvelles ; elles étaient arrivées à Wittenberg, et y avaient été reçues par quelques familles bourgeoises. Parmi elles se trouvait Catherine de Bora, née le 29 janvier 1499. A ce moment-là Luther ne pensait nullement à se marier. Il avait sans doute écrit contre le célibat des prêtres et fait tous ses efforts pour marier convenablement les nonnes échappées ; mais encore le 30 novembre 1524, il écrivit à Spalatin :

« Si mon cœur reste ce qu'il a été jusqu'ici et ce qu'il est encore maintenant, il est fort probable que je ne me marierai jamais. »

C'est surtout dans l'intérêt de son œuvre qu'il se décida au mariage. Il avait écrit, le 3 juin 1525, au cardinal Albert de Mayence pour l'engager à se marier; on lui dit que celui-ci avait répondu: « Pourquoi Luther ne prêche-t-il « pas d'exemple? » — « Si cela pouvait encourager au « mariage sa Grâce électorale, dit-il alors, je serais tout « prêt à lui en donner l'exemple, d'autant plus que j'ai « toujours eu l'intention de me marier avant de quitter « cette vie, parce que je trouve cet état voulu de Dieu. »

Le 13 juin, accompagné de Bugenhagen, pasteur de Wittenberg, et d'un jurisconsulte nommé Apell, il se rendit dans la famille qui avait accueilli Catherine de Bora, et demanda, en présence de tous, la main de cette dernière. Vivement surprise d'abord, elle consentit, et Bugenhagen les unit aussitôt. Quand le magistrat de Wittenberg eut connaissance de cet acte, il leur envoya un cadeau. Quinze jours après, Luther donna à ses amis un repas de noces; son père et sa mère y assistèrent.

Ce mariage causa une grande émotion parmi les amis de Luther. Plusieurs, en particulier Mélanchthon, le désapprouvèrent. Ses ennemis profitèrent de cette occasion pour le diffamer et lui adresser les outrages les plus honteux. Il en fut très ému d'abord, mais il se releva fièrement. « Ce mariage, dit-il, m'a attiré bien des mépris, mais j'espère que les anges s'en réjouiront et que le diable en pleurera. — Je l'ai fait par obéissance pour mon père, qui me l'avait demandé; je ne pouvais le lui refuser. En même temps, je voulais appuyer par mon exemple ce que j'ai enseigné, car je trouve que beaucoup sont pusillanimes, malgré la lumière éclatante de l'Évangile. »

Il donna, en effet, un admirable exemple de vie de famille chrétienne. Il avait trouvé une femme de tête et de caractère, bien qu'un peu altière; aussi l'appelait-il parfois

Herr Käthe, monsieur Catherine. « Käthe, dit-il un jour, tu me persuades tout ce que tu veux ; tu as la domination absolue, bien entendu dans le ménage et dans les affaires de la maison, le droit du mari étant sauf. Le gouvernement des femmes n'a jamais rien produit de bon depuis le commencement du monde. Quand Dieu établit Adam comme roi de toutes les créatures, tout allait bien et tout était gouverné pour le mieux ; mais quand la femme vint et voulut aussi avoir la main dans le sac et tout savoir, alors tout fut sens dessus dessous ; le désordre régna. » Cependant il était reconnaissant à Dieu de lui avoir donné « une femme pieuse ; elle lui était plus précieuse que le royaume de France et les richesses de Venise. » Il était content surtout qu'elle ne lui eût pas apporté de fortune. « Maître G., dit-il une fois, a pris une femme riche, mais il a vendu sa liberté. Il arrive toujours ainsi, quand un pauvre diable épouse une femme riche ; celle-ci veut être le maître, et s'il arrive au mari de dire un mot qui lui déplaise, elle le rabaisse et lui adresse sans cesse ce reproche : Tu n'aurais été qu'un mendiant si je ne t'avais épousé, etc. »

Le revenu de Luther était fort modeste ; il avait deux cents florins d'appointements et ne gagnait jamais rien sur ses livres, qui n'enrichissaient que les libraires ; il agissait d'après ce principe : « Vous l'avez reçu gratuitement, vous devez aussi le donner gratuitement. » Il eut beaucoup d'enfants ; il aimait à exercer l'hospitalité et à donner. Cependant jamais il ne se laissa envahir par les soucis, jamais sa confiance en Dieu ne faiblit. Sa femme s'étant un jour lamentée qu'il ne leur restât que trois fûts de bière en cave, il répondit : « De ces trois, notre Dieu peut en faire quatre. S'il n'était lui-même le père de famille, c'en serait fait de nous. Car j'ai un singulier ménage ; je consomme plus que je ne gagne ; il faut que je donne chaque année cinq cents florins pour le ménage et la cuisine, sans compter ce que coûtent les enfants, la toilette et les aumônes, et pourtant mon revenu annuel n'est que de deux cents florins. Je suis très peu propre au ménage et je suis encore mis à contribution par des parents indigents qu'il faut soutenir et par les hôtes qui viennent chaque jour

Habitation de Luther (Ancien couvent des Augustins)

chez moi. Mais je suis plus riche que tous les théologiens papistes du monde entier, parce que je me contente de peu et que j'ai une femme. » Sa Käthe, en effet, l'entourait de ses soins affectueux et dévoués; elle était économe et même avare pour lui, afin de lui épargner tout souci matériel. Luther savait apprécier son dévouement; il lui écrivait parfois : « A mon aimable et bien-aimé seigneur Catherine Luther, doctoresse et prédicatrice à Wittenberg. »

C'est ainsi qu'il se créa un intérieur agréable et bienfaisant, où il put se délasser de ses travaux et de ses luttes. De nouveaux combats l'attendaient; sa tâche grandissait et devenait chaque jour plus difficile; l'Église nouvelle était fondée, mais il s'agissait maintenant de l'organiser. Il avait tenu tête aux ennemis du dehors; il s'agissait de continuer et de plus, de résister aux ennemis du dedans et aux amis imprudents. Là encore, il se montra à la hauteur de sa tâche.

CHAPITRE IV

L'ÉGLISE ÉVANGÉLIQUE

1525-1537

§ 1. — LE CULTE

Jusqu'à ce jour, Luther avait maintenu à son évangile un caractère entièrement spirituel. Il avait travaillé, lutté, pour rendre à l'Église la doctrine de vérité, mais sans toucher en aucune manière à son organisation ni à son culte. Il n'avait pas voulu fonder une Église nouvelle, mais uniquement réformer l'Église existante. Mais il apprit bientôt que l'on ne peut verser le vin nouveau dans de vieux vaisseaux; il les fait éclater. Les principes qu'il avait posés firent leur chemin; d'autres que lui, des impatients, des imprudents, se mirent à appliquer ces principes. Pour qu'ils ne le fissent pas avec trop de précipitation et d'une manière nuisible, Luther dut lui-même mettre la main à l'œuvre. Il opéra les changements avec autant de circonspection que de sagesse. Il ne voulait pas tout renouveler comme si, depuis le temps des apôtres et des Pères, l'Église avait cessé d'exister, de vivre et de se développer. Toujours le Seigneur a eu de vrais disciples, jamais le trésor de la vérité n'a disparu de l'Église. Il ne s'agissait maintenant que de remettre l'Évangile en honneur, en le dégageant des superfétations, des abus et des idolâtries qui le défiguraient.

Luther commença par supprimer les fêtes des saints; il remplaça les messes journalières par des cultes bibliques; la communion sous une seule espèce ne fut plus tolérée. Quant à la messe elle-même, il la dégagea de tout ce qu'elle renfermait de contraire à l'Évangile, comme la théorie de la transubstantiation, l'idée du sacrifice, etc. Il publia dans ce but son petit écrit : *De l'Ordre du Service divin*, sans cependant prétendre imposer à tous la forme qu'il proposait, ni en faire une loi nouvelle. Ici devait régner la liberté, « bien que, disait-il, il soit désirable que nous célébrions notre culte dans le même esprit et avec les mêmes formes. »

C'est ainsi que prit naissance le *culte évangélique*. Ce n'est plus le prêtre qui en est le centre, agissant seul, pontifiant souverainement, comme le représentant de Dieu. L'homme pécheur y retrouve sa place, et entre lui et son Dieu, il n'y a plus ce médiateur semi-divin; il a accès lui-même au trône de grâce; il a retrouvé son Dieu et son Sauveur, reconquis ses droits d'enfant de la maison; et par la foi il va lui-même puiser à pleines mains la grâce, la paix, le salut, dans la Parole et les Sacrements, où Dieu les lui dispense.

Luther eût bien voulu ne pas proscrire entièrement le latin du culte, ne fût-ce qu'à cause de la jeunesse. Il va même plus loin : « Si je le pouvais, dit-il, et si le grec et l'hébreu étaient aussi répandus que le latin et possédaient d'aussi belles mélodies et d'aussi beaux chants que le latin, je voudrais que le dimanche on chantât alternativement la messe dans les quatre langues, en allemand, en latin, en grec et en hébreu... Les langues sont le fourreau dans lequel se trouve l'épée de l'esprit, l'écrin qui renferme le joyau... Si, ce qu'à Dieu ne plaise, nous abandonnons l'étude des langues, nous perdrons l'Évangile. »

Mais où Luther a entièrement innové, et de la manière la plus heureuse, c'est quand il a créé le cantique. Il ne pressentait certes pas alors l'immense importance de ce qu'il faisait; il ne pensait même pas faire du nouveau. Il voulait simplement suivre l'exemple des Pères et des Prophètes de l'Ancien-Testament. Il était poète dans l'âme et l'on sait combien il aimait la musique, « ce don de Dieu qui dissipe la tristesse et chasse le diable. » En traduisant des psaumes ou de vieux chants latins, il y versait l'esprit de l'Évangile, la foi qui faisait sa vie; ses cantiques sont pleins de souffle et d'élévation, et pourtant simples, à la portée des enfants. Il publia en 1524 le premier recueil de cantiques, qui en renfermait huit; l'année suivante, il y en eut quarante; ses amis suivirent son exemple, de sorte que le recueil des cantiques luthériens s'accrut bientôt dans des proportions considérables. Son premier chant fut une complainte sur la mort de deux jeunes hommes martyrisés pour leur foi, dans les Pays-Bas; le second, le cantique *Réjouis-toi, peuple chrétien* (1524), dans lequel Luther redit l'histoire de son âme, les angoisses où le jetait le sentiment accablant du péché, et la foi en Jésus-Christ, le Rédempteur, qui lui donnait sa joyeuse confiance. Ce cantique était à lui seul toute une prédication. C'est en 1529 qu'il composa le cantique *C'est un rempart que notre Dieu*, qu'on a souvent appelé la « Marseillaise luthérienne. »

Voici ce qu'il dit dans la préface de son recueil de 1525 : « Je ne suis pas d'avis que l'Évangile doive proscrire et anéantir tous les arts, comme le veulent quelques spiritualistes à outrance; je voudrais, au contraire, voir tous les arts, et en particulier la musique, au service de Celui qui les a créés et nous les a donnés. Dieu a réjoui notre cœur et relevé notre courage par son Fils bien-aimé, qu'il a donné pour nous racheter du péché, de la mort et du diable. Celui qui croit cela, ne peut s'empêcher de le dire, de le chanter avec joie, afin que d'autres l'apprennent aussi et aient part à cette joie. »

Les cantiques de Luther contribuèrent puissamment à

propager la pure doctrine de l'Évangile. Nous avons de la peine à nous représenter aujourd'hui l'influence qu'ils ont eue sur les cœurs et sur les esprits. Un jésuite dit, en se lamentant : « Les hymnes de Luther ont fait périr plus d'âmes que ses écrits et ses prédications. » Le moine Thomas à Jesu constate le même fait : « Il est très surprenant, dit-il, de voir combien le luthéranisme a été répandu par les nombreux cantiques sortis de l'officine de Luther ; on les chantait dans les maisons, dans les ateliers, sur les places publiques, dans les rues et dans les champs. » On pouvait interdire, confisquer les livres de Luther, mais non ses cantiques. Ils pénétrèrent jusque dans des églises catholiques, où on les chantait sans en connaître l'auteur. Tous les étudiants de Wittenberg, les ouvriers ambulants qui y passaient, ne quittaient pas cette ville sans les avoir appris ; ils devinrent comme des colporteurs ou des missionnaires pour les répandre partout.

Luther régla aussi les divers actes religieux, en écrivant son admirable *Petit livre du Baptême*, puis son *Livre de la Confession*.

§ 2. — LES ÉGLISES ET LES ÉCOLES

Mais il s'agissait aussi de réorganiser les églises. A la diète de Spire (27 août 1526), le parti évangélique avait conquis une situation un peu meilleure ; l'empereur était en guerre avec le pape et le roi de France, et les Turcs étaient en marche contre la Hongrie. On ne pouvait donc songer à exécuter l'édit de Worms, qui mettait Luther et ses amis au ban de l'Empire. Les princes et les États évangéliques, ayant à leur tête l'électeur Jean, obtinrent de la diète que chaque état pût agir à sa guise, n'ayant à en répondre qu'à Dieu et à l'empereur. C'était de fait la liberté, là du moins où le prince s'était rallié à l'Évangile. Luther n'eut donc rien à craindre pour le moment et put s'occuper des églises.

Mélanchthon écrivit une *Instruction* pour les inspecteurs chargés de les visiter. C'est en 1528 qu'on entreprit cette inspection générale, confiée à trente hommes pieux et capables, non seulement à des pasteurs et des théologiens, mais aussi à des laïques, des conseillers électoraux. Luther fut du nombre. On s'attendait à faire de tristes découvertes; mais ce qu'on apprit dépassa l'attente. On trouva un peuple grossier et abusant de la liberté évangélique pour se livrer sans contrainte à ses instincts ; des prêtres incapables, ivrognes et débauchés. En beaucoup d'endroits où les prêtres avaient quitté leurs églises, abandonné leur ministère, on les avait remplacés par des artisans ou des ouvriers ; s'ils savaient lire, s'ils avaient vu ou entendu Luther, cela suffisait ; on ne leur en demandait pas davantage.

On ne conserva leur ministère qu'aux prêtres qui promettaient de s'amender et qui étaient au moins en état de lire un sermon. Car on se figure difficilement aujourd'hui jusqu'où allait, en ce temps-là, l'ignorance des prêtres catholiques. Un jour, dans le Brandebourg, un inspecteur demanda à un curé de village, ce qu'il enseignait aux paysans. — « La foi chrétienne », dit-il, et il récita aussitôt le premier article du Symbole des Apôtres. Comme l'inspecteur le priait de continuer, il resta court. Celui-ci voulut lui faire dire au moins le contenu du deuxième article, et lui demanda enfin : « De qui Christ est-il né, selon la chair ? » Le prêtre répondit : « De Ponce Pilate. » Or il avait exercé ses fonctions dans ce village depuis plus de dix-huit ans.

« Le Dr Luther, raconte Mathesius, s'employa aussi à cette mission salutaire et épiscopale, en même temps que beaucoup de personnes distinguées par leur rang ou leur science. Il interrogeait les paysans sur la prière et sur le catéchisme, avec une grande patience, et leur donnait ensuite des explications. J'ai entendu à ce sujet un trait touchant. Un pauvre paysan saxon devant réciter la foi chrétienne commença : « Je crois en Dieu, le Tout-Puissant. » Le Docteur lui demanda : « Que signifie ce mot : Tout-Puissant ? » — « Je ne sais pas. » — « Mon brave ami, reprit » le Docteur, je ne sais pas davantage, ni les autres » savants, ce qu'est la force et la toute-puissance de Dieu ; » pour toi, contente-toi de croire en toute simplicité que » Dieu est ton bon et fidèle Père, le Seigneur seul sage, qui » veut et sait te venir en aide dans toutes les nécessités, à » toi, à ta femme et à tes enfants. »

C'était une tâche bien difficile que d'instruire ce peuple. Luther pourvut d'abord aux besoins les plus pressants ; il envoya partout des prédicateurs et des intituteurs évangéliques, créa des écoles, même pour les filles ; désespérant de la génération présente, « brute, indocile, avare, » il voulut au moins former la génération nouvelle et la rendre capable de comprendre et de pratiquer l'Évangile. Il devint ainsi le véritable fondateur de l'école primaire. Déjà, quelques années auparavant, il avait adressé à ce sujet, un pressant appel aux Magistrats de toutes les villes d'Allemagne : « L'instruction des enfants, disait-il entre autres, est dans un état pitoyable ; les parents n'ont aucun souci de ceux que Dieu leur a confiés, depuis qu'ils ne peuvent plus les envoyer dans les couvents. Et cependant tout homme a besoin d'apprendre quelque chose pour être un membre utile à la société. — Négliger l'éducation de la jeunesse est une chose diabolique. C'est une grande et sainte tâche, au contraire, de prendre soin de nos enfants, et Christ nous l'ordonne. — Voyez combien d'argent on dépense annuellement pour des arquebuses, des chemins, des digues ; pourquoi ne pas en dépenser un peu pour donner à la pauvre jeunesse un ou deux maîtres d'école habiles ? — Le devoir d'élever les enfants ne regarde pas seulement les parents, qui souvent ne s'en soucient point ; il incombe aussi aux Magistrats, qui n'ont aucune excuse à produire. Beaucoup de parents sont comme les autruches ; ils s'endurcissent envers leurs petits ; contents d'avoir pondu l'œuf, ils ne s'en inquiètent plus. Alors ces enfants croissent sans aucune éducation et deviennent la peste et la ruine d'une ville entière, comme il est arrivé à Sodome et à Gomorrhe. »

Il écrivit alors son *Grand Catéchisme*, puis, dans la même année (1529), son *Petit Catéchisme*, qu'on a souvent appelé « la Bible des Laïques. » — « Ce qui m'a engagé, dit-il dans la préface de ce dernier, à réduire à un si mince volume et à une forme si simple le Catéchisme, c'est-à-dire le précis des doctrines chrétiennes, c'est l'état déplorable dans lequel j'ai trouvé nos églises, lorsque dernièrement j'en ai fait la visite. Quelle misère, grand Dieu, surtout dans les campagnes ! Les paroissiens dans l'ignorance des notions les plus élémentaires du christianisme ; les pasteurs incapables d'enseigner ! Tous veulent être des chrétiens, recevoir le baptême, aller à la Sainte-Cène, et pourtant ils ne connaissent ni le Notre Père, ni la Foi, ni les Dix commandements ; ils vivent comme des brutes et n'ont entendu l'Évangile que pour abuser insolemment de toute liberté ! O évêques, comment vous justifierez-vous devant Christ, d'avoir si honteusement négligé ce pauvre peuple, sans remplir les devoirs de votre charge ? Malheur à vous ! Je vous en supplie au nom de Dieu, mes chers frères, ministres de Christ, songez à votre ministère de tout votre cœur ; ayez pitié du pauvre peuple qui vous est confié, et enseignez-lui la doctrine chrétienne exposée brièvement dans ce catéchisme. »

« Si le Docteur Luther, dit Mathesius, ne nous avait rendu d'autre service que de donner ses deux catéchismes aux familles, aux écoles et aux églises, d'avoir rétabl dans les maisons la prière du matin, du soir et aux repas, le monde entier ne pourrait jamais lui en témoigner assez de reconnaissance. »

Lui-même nous apprend d'une manière charmante comment il faut se servir de son catéchisme : « Toutes les questions du Catéchisme, il faut les résumer finalement en deux points, qui sont comme deux compartiments du cœur, à savoir : la foi et la charité. Le compartiment de la foi a deux divisions ; dans la première vous mettrez : que par le péché d'Adam, nous sommes tous corrompus et condamnés ; dans la seconde : que par Jésus-Christ, nous sommes tous sauvés de cette corruption et de cette condamnation. Le compartiment de la charité a aussi deux divisions ; dans la première vous mettrez : que nous devons servir les autres et faire du bien, comme Christ nous a fait du bien ; dans la seconde : que nous devons souffrir et supporter le mal. »

Ces catéchismes, il ne les destinait pas uniquement aux enfants ; les grands aussi devaient les étudier : « Tout docteur que je suis, dit-il, je n'ai pas honte, le matin ou quand j'en trouve le temps, de réciter mot pour mot, comme un enfant, le Notre Père, les Dix Commandements, le Symbole, des Psaumes, etc. Et malgré mes études, je ne suis pas encore arrivé à une connaissance satisfaisante de ces points de doctrine. Je dois donc me considérer encore aujourd'hui comme un enfant, comme un élève du catéchisme, et je le fais volontiers. »

Ce qui contribua plus que tout le reste à répandre l'instruction chez les grands et les petits, c'est son admirable traduction de la Bible, qui fut publiée pour la première fois en entier, en 1532. Michelet fait bien ressortir ce fait : « Ne me croyez pas, dit Luther. Qui est Luther ? Que m'importe Luther ? Périsse Luther et que Dieu vive. Prenez ceci et lisez ! — Lisez ! Quoi, en voici un qui veut qu'on sache lire ? Mais cela seul est une grande révolution. »

§ 3. — LA DOCTRINE

Mais ce n'était pas tout d'abolir les abus et de réorganiser le culte; pour donner de la stabilité à toutes ces réformes, pour constituer véritablement l'Église, il s'agissait de formuler clairement la doctrine évangélique, de confesser la foi chrétienne. Une Église qui ne sait ou n'ose pas exprimer nettement sa foi est une pauvre Église; elle n'est pas constituée, ni sûre de son lendemain. C'est dans la Confession d'Augsbourg que les luthériens exposèrent leur foi. Il ne faudrait pas croire cependant que Mélanchthon ait écrit cette confession de foi, par ordre, en quelques jours ou en quelques mois. Elle n'eût été, dans ce cas, qu'un ouvrage théologique comme un autre et n'eût jamais conquis la place qu'elle a occupée et qu'elle occupe encore aujourd'hui dans l'Église. On ne fait pas ainsi une confession de foi tout d'une pièce; elle est le fruit d'un long enfantement.

En effet, les doctrines fondamentales et distinctives de l'Église évangélique sont nées successivement de l'expérience chrétienne et des études de Luther; il a eu pour maîtres non seulement l'Écriture, où il a puisé sa foi, mais encore sa conscience, où il l'a vécue et expérimentée, et même ses ennemis qui, par leurs attaques, l'ont amené à approfondir toujours plus l'Écriture et à mieux comprendre les enseignements de Christ et des apôtres.

On se rappelle comment Luther retrouva la doctrine fondamentale de la Réforme, la justification par la foi, doctrine formulée par saint Paul, et méconnue depuis dans la chrétienté, même par les Pères de l'Église et par les précurseurs de la Réforme. Nous la retrouvons dans tous ses écrits; il l'enseigne au peuple, la défend contre Rome et la célèbre dans ses cantiques. C'est de l'abondance du cœur que sa bouche parle, quand il nous redit sans cesse et sur tous les tons : « Le juste vivra par la foi. » « Vous êtes sauvés par grâce, par la foi; cela ne vient pas de vous, c'est un don de Dieu; ce n'est point par les œuvres, afin que personne ne se glorifie. »

Mais quelle est la part de l'homme dans l'œuvre de son salut? Luther répond : « Elle est nulle; car, par lui-même, l'homme pécheur, corrompu de naissance, ne peut rien faire de bon ni d'agréable à Dieu; c'est Dieu qui, par son Saint-Esprit, produit en lui et la foi et les œuvres.» C'est sur ce point qu'il rencontra un de ses adversaires les plus dangereux, un homme considéré comme l'esprit le plus délié et le plus spirituel, le savant le plus éminent de son époque, Erasme de Rotterdam.

Erasme avait d'abord approuvé Luther dans sa guerre contre les abus de l'Église et contre les moines; mais il n'était pas, comme lui, une âme religieuse. Il aimait la science pour la science, en académicien; il frayait avec les princes, qui l'adulaient et l'attiraient à leur cour. Or Luther, ce rude enfant du peuple, le troublait dans son repos; sa parole enflammée, violente, souvent grossière, blessait le délicat aristocrate. Erasme jouissait aussi des faveurs du roi d'Angleterre, que Luther avait fort maltraité dans un de ses écrits.

Il attaqua le réformateur sur une question fort difficile, dans son livre du *Libre Arbitre*. Défendant la liberté de l'homme, revendiquant pour lui une part d'action et par conséquent de mérite, dans l'œuvre du salut, il devait avoir pour lui, outre Rome, tous les esprits philosophiques et la plupart des gens cultivés. Luther comprit le danger : « Vous seul, écrit-il dans sa réponse, vous seul, parmi tous mes ennemis, avez saisi le point principal. Je vous en remercie du fond du cœur. » Il intitule sa réponse : *Du Serf arbitre* (volonté esclave), et il y met toute son âme, toute la passion de sa foi. De tous ses livres, c'est celui-là qu'il tiendrait le plus à faire passer à la postérité. Le style en est admirable, d'une latinité si belle qu'Erasme le soupçonne de l'avoir fait rédiger par un autre.

Erasme dit que le salut n'est point uniquement l'œuvre de la grâce, que l'homme, par sa libre volonté, peut et doit y concourir. Quand Luther enseigne que Dieu seul fait tout et que l'homme n'a aucune liberté, Erasme l'accuse de faire de Dieu l'auteur du mal. Mais Luther lui répond que c'est anéantir la grâce que d'en revendiquer une part quelconque pour nous. Si l'homme n'est pas entièrement perdu, s'il y a en lui quelque liberté, il n'a pas besoin de Sauveur; Christ devient inutile, ou n'est venu sauver qu'une partie inférieure de la nature humaine. Mais si nous croyons que Christ a sauvé l'homme par son sang, il faut reconnaître aussi que l'homme était entièrement perdu. La volonté de l'homme, c'est une bête de somme que mènent tour à tour le diable et Dieu. Quiconque n'est pas saisi par la main puissante de Dieu, demeure dans le péché et la perdition. C'est de la volonté de Dieu seul que dépendent d'un côté l'affranchissement, de l'autre la servitude. Or Dieu nous révèle sa volonté, qui est que tous les hommes soient sauvés. Il est vrai que derrière cette volonté connue il y en a une autre, par laquelle Dieu a décrété d'avance quels sont les hommes qui doivent être sauvés, quels sont ceux qui ne doivent pas l'être. Mais cette volonté, il ne nous la fait pas connaître; elle reste pour nous un mystère incompréhensible. Ce que nous savons, c'est que Dieu est avant tout et par dessus tout l'amour éternel; il est donc impossible de supposer qu'il puisse jamais être injuste envers ses créatures. Cela doit nous suffire; abandonnons-nous donc avec confiance à l'éternelle charité qui cherche les âmes et les attire.

Cette doctrine anéantit toute liberté humaine; cependant elle a fait la force de cette énergique génération qui a ramené dans le monde l'esprit d'indépendance et de liberté, y a trouvé le point d'appui divin qui élève l'homme au-dessus de sa misère et y a puisé la meilleure part de ses vertus.

Une autre controverse eut des conséquences plus graves

que celle-ci et amena une scission irrémédiable dans le camp de la Réforme; c'est celle des Sacrements.

Luther avait enseigné que la foi qui justifie n'est pas l'œuvre de l'homme, mais un don de Dieu. « Je crois que je ne puis pas, par ma raison et ma force propre, croire en Jésus-Christ mon Seigneur, ni venir à lui; mais c'est le Saint-Esprit qui m'a appelé par l'Évangile, etc. » Or, le Saint-Esprit n'agit pas d'une manière immédiate, directe, mais par les moyens de grâce, la Parole et les Sacrements. Telle est la vérité que Luther avait défendue contre les prophètes célestes et contre Carlstadt. Maintenant il allait se trouver en présence d'adversaires plus sérieux : les réformateurs suisses Zwingle et Œcolampade.

Zwingle n'admet pas que Dieu ait besoin de moyens de grâce sensibles; cela lui semble indigne de sa majesté sainte. Pour Luther, les sacrements sont les porteurs de la grâce; dans la Cène, Christ est présent et nous communique sa grâce, en nous donnant, sous les espèces du pain et du vin, son corps pour nourriture et son sang pour breuvage. Il donne et l'homme reçoit, par la foi, ses bénédictions célestes, la vie, les biens éternels et une puissance de résurrection. La participation à la Cène nous lie à Dieu, à la communion des saints, et fait de nous tous le corps spirituel de Jésus-Christ, qui est l'Église. — Pour Zwingle, c'est avant tout le chrétien qui agit dans les sacrements; ce sont, de sa part, des actes de foi, de gratitude, n'ayant de valeur que par l'esprit. Christ est au ciel d'où il ne reviendra qu'à la fin du monde, et ne saurait être corporellement présent dans la Cène. Celle-ci n'est donc autre chose que la commémoration de la mort expiatoire de Jésus-Christ, et les paroles de l'institution doivent être prises au sens figuré. Le pain et le vin signifient, représentent symboliquement le corps et le sang de Christ.

Des écrits violents furent échangés; des deux côtés on

ne garda pas toujours la mesure et l'on oublia trop souvent la charité, parce que c'étaient deux esprits très différents qui entraient en conflit. On reproche tout particulièrement à Luther l'opiniâtreté intraitable et la passion avec laquelle il soutint la présence réelle de Christ dans le Sacrement. C'est qu'ici, comme à Worms, il dit : « Me voici, je ne puis autrement. » Aussi souvent qu'il s'agit pour lui d'une vérité clairement exprimée dans l'Écriture et confirmée par l'expérience chrétienne, il est intraitable, et il l'est de propos délibéré. « Il est vrai, dit-il, que la charité qui supporte tout, croit tout, espère tout, cède et doit céder; mais la foi ne le doit pas; elle ne peut et ne veut absolument rien souffrir. Dieu ne souffre rien et ne cède à personne; la foi doit faire de même et ne céder à personne. Il est doux à mon cœur, que dans la cause de l'Évangile on m'appelle entêté, obstiné et violent. Car, je le confesse ouvertement, dans cette affaire je suis raide, violent et entêté, et, s'il plaît à Dieu, je conserverai toujours cet entêtement et cette obstination, et je ne cèderai pas d'un cheveu, advienne que voudra. »

La querelle se passionnait et s'envenimait toujours plus; elle divisait la Réforme en deux camps, au moment même où l'on aurait eu le plus besoin d'union, pour tenir tête aux adversaires. En effet, la situation devenait périlleuse pour les partisans de Luther. En 1529, au mois d'avril, une nouvelle diète s'étant assemblée à Spire, sous la présidence du roi Ferdinand, frère de Charles-Quint, les catholiques y montrèrent l'hostilité la plus décidée et prirent, contre les luthériens, des décisions qui renversaient tout simplement celles de la diète de 1526. Alors, les États évangéliques signèrent une protestation ferme et digne contre ces résolutions, déclarant « que les choses qui regardent la gloire de Dieu et le salut des âmes, ne pouvaient être décidées par des majorités; qu'eux et leurs prédicateurs voulaient s'en tenir à la Parole de Dieu, qu'ils possédaient pure et exacte. » C'est à la suite de cette protestation de Spire (18 avril 1529), que les luthériens reçurent le nom de *Protestants*.

L'empereur était alors en Italie; il donna des ordres sévères pour obliger les protestants de se soumettre aux décisions de Spire. Le danger était donc sérieux. C'est alors que l'un des principaux chefs du parti protestant, le landgrave Philippe de Hesse, conçut le projet de grouper en un faisceau toutes les forces évangéliques en rétablissant l'accord entre Luther et les Suisses. Mais Luther était opposé aux alliances « qui ne venaient pas de Dieu et n'étaient pas contractées par fidélité envers Lui »; il craignait surtout qu'il n'en résultât une guerre; or, il ne voulait pas que l'on défendît l'Évangile par les armes et qu'on souillât la sainte cause par l'effusion du sang : « La guerre, dit-il, rapporte peu, perd beaucoup et risque tout; mais la douceur ne perd rien, risque peu et gagne tout. — Plutôt mourir dix fois que d'avoir la conscience troublée par cette pensée que l'Évangile a été une cause d'effusion de sang; nous devons être de ceux qui souffrent et ne se vengent pas eux-mêmes. Il ne faut pas peindre le diable au-dessus de sa porte, ni le demander pour parrain. »

Zwingle, au contraire, venait de faire tout ses efforts pour conclure une alliance entre les princes protestants, les Suisses et le roi de France, dans le but de défendre les doctrines nouvelles contre Rome et l'empereur; c'était préparer la guerre, on ne s'en cachait pas. Luther ne pouvait favoriser en aucune manière ces menées, ne voulant pas que l'on mêlât la politique à la cause sacrée de l'Évangile; aussi, n'accepta-il qu'avec répugnance l'invitation du landgrave de Hesse de venir à Marbourg pour s'entendre avec le réformateur de Zurich. Il s'y rendit pourtant, en octobre 1529, accompagné de Mélanchthon et des principaux théologiens de son parti; Zwingle y vint avec Œcolampade, Bucer et plusieurs autres. Mais on ne put arriver à aucun accord; les opinions étaient trop divergentes : « Vous avez un autre esprit que nous », disait Luther; il resta inflexible, malgré toutes les prières; il fut même rude envers Zwingle et ses compagnons, qu'il refusa obstinément de reconnaître pour des frères dans la foi. Il rédigea cependant, sur les points sur lesquels on était tombé d'accord, une confession en quinze articles, qui fut signée par les théologiens présents. Il y ajouta cette déclaration : « Bien que nous n'ayons pas pu tomber d'accord sur la question de savoir si le vrai corps et le vrai sang de Christ sont substantiellement dans le pain et dans le vin, néanmoins les deux parties se témoigneront réciproquement, et autant que la conscience le permet, une affection chrétienne, et prieront le Dieu tout puissant qu'il veuille bien, par son saint Esprit, leur en faire connaître le vrai sens. » Les plans du landgrave de Hesse échouèrent donc complètement. « Si Luther avait lâché prise, dit Merle d'Aubigné, il eût été à craindre que l'Église ne tombât dans l'extrême du rationalisme. »

Plus tard, après la mort de Zwingle et d'Œcolampade, on fit une nouvelle tentative d'union, et l'on réussit mieux cette fois, en apparence du moins, grâce à une formule un peu vague due à l'habileté de Mélanchthon et de Bucer; c'est ce qu'on appelle la Concorde de Wittenberg (29 mai 1536). Luther s'en contenta, par esprit de conciliation, mais sans oser espérer une concorde vraie et durable. Ses craintes ne furent que trop justifiées par les évènements.

---

§ 4. — LES CONFESSIONS DE FOI

Les principaux points de doctrine avaient donc été clairement formulés, mais la Réforme était encore entièrement attachée à la personne de Luther, qui avait la plus grande autorité spirituelle; on le consultait pour toutes choses, et les princes et les théologiens s'inclinaient devant ses décisions. Aussi les catholiques l'appelaient-ils volontiers l'Anti-pape. Il ne se servait, il est vrai, de son influence que pour organiser les paroisses, réprimer les abus, régler le culte et la discipline et travailler au maintien de la paix. Il y avait là néanmoins un danger très réel. Que deviendrait l'Église quand il ne serait plus là pour tout diriger? Il fallait aux protestants une charte religieuse, une confession de foi officielle sur laquelle ils pussent faire reposer leur existence ecclésiastique. Elle était d'autant plus nécessaire, qu'on leur attribuait toutes les hérésies et toutes les erreurs. Cette charte, ils se la donnèrent à la diète d'Augsbourg, le 25 juin 1530, en présentant publiquement devant l'empereur, les princes et les états assemblés, leur Apologie, qui reçut le nom de Confession d'Augsbourg.

Le moment était solennel. Charles-Quint victorieux venait de se faire couronner par le pape à Bologne. Il avait convoqué la diète pour le mois d'avril, « pour unir dans la vérité chrétienne les deux partis hostiles, » ou plutôt, selon la rumeur publique, « pour châtier les protestants. » L'électeur de Saxe disait : « C'est un concile « national qui s'ouvre; il faut qu'on sache enfin ce que « nous enseignons et ce que notre conscience nous permet « de céder. »

Les princes protestants arrivèrent les premiers à Augsbourg; on avait vainement espéré les intimider; leur foi leur donnait un courage que rien ne pouvait abattre. Luther ne pouvait les accompagner; il était toujours au ban de l'empire. Son prince le laissa à Cobourg, aussi près que possible de la diète. « Je serais, dit-il, allé volontiers à la diète, mais on m'a dit : « Tais-toi, tu as la voix mauvaise; j'y envoie quatre lettres parlantes, Jonas, Spalatin, Mélanchthon et Agricola. »

L'empereur retarda son arrivée à Augsbourg, espérant peut-être lasser les protestants et les obliger à retourner chez eux, à cause des dépenses occasionnées par un long séjour. Mais Mélanchthon profita de ce délai de près de deux mois, pour élaborer une confession de foi qu'on peut appeler le livre d'or de l'Église luthérienne. En effet la confession d'Augsbourg est admirable de concision, d'élégance et de mesure. « Elle demeurera toujours, dit Merle d'Aubigné, l'un des chefs-d'œuvre de l'esprit humain éclairé de l'Esprit de Dieu. Le langage qu'on avait adopté, tout en étant parfaitement naturel, était le résultat d'une étude profonde des caractères. Ces princes, ces guerriers, ces politiques qui siégèrent à Augsbourg, tout ignorants qu'ils étaient en théologie, comprenaient sans difficulté la doctrine des protestants ; car ce n'était pas dans le style de l'École qu'on la leur exposait, mais dans celui de la vie ordinaire, et avec une simplicité et une lucidité qui rendaient tout malentendu impossible... Mais ce qu'il y a de plus admirable, c'est la vérité avec laquelle la confession expose les points essentiels du salut. Enfin la confession d'Augsbourg n'usurpe pas les droits de la Parole de Dieu, elle veut en être la servante, non la rivale ; elle ne fonde, elle ne règle pas la foi, mais simplement elle la professe ! »

Luther, qui du reste en avait fourni les premiers éléments, l'approuva pleinement : « J'ai lu l'apologie (la confession) de maître Philippe. Elle me plaît beaucoup ; je n'y trouve rien à corriger ou à changer ; car, pour moi, je ne puis marcher aussi doucement. Qu'il plaise à notre Seigneur de bénir ce témoignage, pour qu'il porte beaucoup de fruit, comme nous l'espérons et l'en prions. »

On sait comment elle fut lue publiquement, devant la diète et quelle impression profonde et favorable elle fit sur beaucoup d'adversaires de la réforme, même sur Charles-Quint, auquel elle arracha cet aveu : « Cette doctrine doit « avoir plus de fondement qu'on ne pense. »

Pendant ces grands jours d'Augsbourg, Luther était enfermé dans la forteresse de Cobourg, dont il avait fait, disait-il, une sainte Sion. Absent de corps, mais présent de cœur et d'esprit au milieu des siens, il les assistait de ses prières et de ses conseils. Quelques passages de ses lettres montreront la grande part qu'il prit au travail et aux luttes de ses amis.

Le 27 juin, il écrivit à Mélanchthon : « Grâce et paix de la part de Jésus-Christ, non de la part du monde... Je hais ces lourds soucis qui, d'après ce que tu m'écris, te consument. Si ton cœur en est si plein, ne l'attribue pas à la grandeur de notre cause, mais à la grandeur de ton incrédulité. Jean Hus et tant d'autres ont soutenu des combats plus terribles. Si cette cause est grande, grand est aussi celui qui nous l'a imposée et qui combat avec nous. C'est la sienne et non la nôtre. Pourquoi donc te tourmenter ainsi sans trève ni repos? Si elle est injuste, rétractons nous, si elle est juste, pourquoi faisons nous menteur Celui qui nous a fait tant de promesses et qui nous ordonne de nous tenir aussi paisibles que des gens qui dorment? Il est écrit : « Jette tes soucis sur l'Éternel. Le Seigneur est près de ceux qui ont le cœur travaillé et qui l'invoquent ». J'éprouve, moi aussi, de cruels tourments, mais non perpétuellement. Ce n'est pas ta théologie, c'est ta philosophie qui t'accable ainsi... Comme si vous pouviez quelque chose par vos vaines inquiétudes !... Christ est mort une fois pour le péché ; mais pour la cause de la justice et de la vérité, il ne meurt pas ; il vit, il règne ! Si cela est vrai, que crains-tu donc pour la vérité? Celle-ci ne l'emportera-t-elle pas? Si par la colère de Dieu elle doit être vaincue, eh bien ! nous le serons avec elle ; mais il ne faut pas qu'elle le soit par nous. Celui qui est notre Père, sera aussi le Père de nos enfants. Je prie sans cesse pour toi, et je m'attriste de ce que cette sangsue tenace de tes soucis rende ma prière si vaine... »

Mélanchthon est angoissé par la pensée qu'on pourrait peut-être, en faisant quelques concessions, obtenir une conciliation. Luther lui répond (29 juin) : « Je m'étonne que tu me demandes ce qu'on peut céder encore aux papistes. Quant à moi, je trouve qu'on n'a que trop cédé dans cette Apologie. S'ils la repoussent, je ne vois pas quelles concessions on pourrait encore bien faire, à moins qu'ils n'aient pour eux les Écritures et des raisons plus claires que je n'ai pu discerner jusqu'ici. Jour et nuit j'examine cette affaire, méditant, songeant, sondant toute l'Écriture, et ma certitude dans la bonté de notre doctrine ne fait qu'augmenter ; je me confirme de plus en plus dans la résolution de n'en rien laisser ravir, s'il plait à Dieu, et quoi qu'il puisse arriver. »

Un autre jour, impatienté par les perpétuelles alarmes de Mélanchthon, il adresse à ses amis ces fortes paroles (Lettre à Spalatin du 30 juin) : « C'est un présage favorable quand les rois et les peuples de la terre s'élèvent contre Jésus-Christ. Leur fureur vaut mieux que leurs hypocrisies. Il est écrit : « Celui qui habite dans les cieux se rira d'eux. » Si notre Maître s'en rit, je ne vois pas pourquoi nous pleurerions ! Nous n'avons besoin que de croire, car il faut que la foi seule défende une œuvre de foi. Celui qui l'a mis en branle n'a eu besoin ni de nos conseils, ni de notre industrie ; il l'achèvera et la consommera sans que nous y mettions rien du nôtre... Philippe voudrait pouvoir tout diriger à son gré et selon ses vues, afin d'en être honoré. Mais non ! il ne faut pas qu'il soit dit : « Moi, Philippe. » Ce moi est trop chétif. Il est dit au contraire : « Je suis celui qui suis». — Celui-là, nous ne le voyons pas encore, mais il viendra, et alors nous le verrons. Soyez donc courageux, exhortez Philippe en mon nom à ne pas se faire Dieu, mais à combattre en lui cette ambition innée de Divinité, que le diable a implantée dans nos cœurs. C'est elle qui a chassé Adam du paradis ; c'est elle qui nous trouble et nous ôte la paix... »

C'est ainsi que Luther encourageait, exhortait et reprenait ses amis ; quant à lui, il puisait ici comme à Worms, son courage et sa force dans la prière. « Chaque jour, écrit le fidèle serviteur qui se trouvait auprès de lui, il consacre trois heures à la prière, et ce sont les heures les plus favorables à l'étude. J'ai une fois réussi à l'entendre prier. Bonté divine! Quel esprit, quelle foi, quelles paroles, quelle ferveur! Il parlait à son Dieu avec la confiance de l'enfant qui parle à son père! » Il eut une bien grande joie quand il apprit ce qui s'était passé dans la journée du 25 juin : « Mon cœur tressaille d'allégresse, écrit-il, de ce qu'il m'est donné de vivre à une époque où Christ est exalté publiquement par de si illustres confesseurs et devant une aussi glorieuse assemblée ». Il voudrait que l'on en finît avec les pourparlers et les négociations; il craint que Mélanchthon ne fléchisse : « Plût à Dieu, dit-il, que je pusse vous revoir bientôt. Vous en avez fait plus qu'assez. Il est temps maintenant que le Seigneur s'en mêle, et certes il s'en mêlera. Ayez bon courage et espérez en lui. Vous avez confessé Christ, vous avez offert la paix, vous avez obéi à l'empereur, vous avez supporté avec patience bien des ignominies, vous avez été rassasiés d'injures et d'opprobes, sans rendre le mal pour le mal. Bref, vous avez traité cette œuvre sainte comme il convient à des saints. Sachez donc aussi une fois vous réjouir dans le Seigneur; soyez joyeux, vous justes! Vous avez été assez longtemps affligés et tristes dans le monde; regardez maintenant en haut et relevez vos têtes, car le ciel est à vous, membres fidèles de Christ! »

Cependant ces délais ne furent pas entièrement perdus. Les théologiens catholiques ayant essayé de réfuter la confession des Luthériens dans leur *Confutation*, écrit indigeste, d'une pauvreté incroyable, Mélanchhon y répondit par son admirable *Apologie de la Confession d'Augsbourg*, qui prit également rang parmi les symboles de l'Église luthérienne.

Sept ans après (1537), les protestants étant réunis à Smalcalde pour aviser à ce qu'il y aurait à faire, si le concile général, convoqué à Mantoue, se réunissait, l'électeur de Saxe demanda à Luther de rédiger les articles de foi qu'il y aurait lieu de présenter au Concile.

Luther, retrouvant toute sa verve et toute sa jeunesse, résume la foi de l'Église dans une série d'articles clairs, incisifs, où il coupe court à tout compromis. « Dût le ciel s'écrouler, nous ne cèderons pas. » Telle doit être la devise des protestants devant le Concile. Ces *Articles de Smalcalde* prirent aussi rang parmi les confessions de foi. Chacun pouvait donc connaître maintenant la foi évangélique; l'équivoque n'était plus possible. La jeune Église possédait, à côté de la Parole de Dieu, un exposé clair et éloquent de sa doctrine dans la Confession d'Augsbourg, l'Apologie et les Articles de Smalcalde; les mêmes vérités étaient mises à la portée des plus humbles, dans les deux Catéchismes. L'Église n'était plus à la merci de son réformateur. Luther pouvait mourir tranquille; l'œuvre à laquelle il avait voué ses forces et sa vie pouvait désormais se passer de lui.

CHAPITRE V

LA FIN DU JUSTE

1537-1546

§ 1. — LES DERNIÈRES ANNÉES DE LUTHER

Les dernières années de Luther furent attristées par bien des douleurs. L'âge vient ; les infirmités et la maladie le font beaucoup souffrir.

A Smalcalde (1537), il croit que sa fin est proche ; pendant onze jours il souffre cruellement ; il veut pourtant partir, retourner à Wittenberg. Quand il arrive dans la forêt de Thuringe, au bourg de Tambach, le mal cède subitement et il renaît à la vie. Aussi appelle-t-il cet endroit son Peniel (Genèse XXXII, 30) « J'ai été mort, écrit-il à sa femme, et je t'ai recommandée toi et les enfants à Dieu et à mon excellent prince ; j'ai été bien en peine pour vous, car je pensais descendre dans la tombe. Cependant on a prié Dieu pour moi avec tant de ferveur que, grâce aux larmes de bien des gens, il me semble que je sois né de nouveau. Rends donc grâces à Dieu et que nos chers enfants remercient bien leur vrai Père, car sans son aide, vous auriez certainement perdu votre père..... Dieu a fait un miracle pour moi et il en fait toujours encore, grâce aux prières des âmes fidèles. »

Arrivé à Gotha, il est ressaisi par le mal et pense

que cette fois sa dernière heure a sonné. Il se confesse, reçoit l'absolution, prend la sainte communion et s'entretient de son enterrement, avec son ami Fr. Myconius. Il dit à un autre ami, au docteur Bugenhagen : « Je sais, « grâce à Dieu, que j'ai bien fait de monter, armé de la « Parole de Dieu, à l'assaut de la papauté, car elle n'est qu'un « blasphème contre Dieu, contre Christ et l'Évangile. » Il prie alors tous ceux qui l'entourent de lui pardonner ses fautes, et ajoute : « Saluez aussi ma chère Catherine ; « dites-lui de supporter avec patience la séparation que « nous impose la mort, et de se souvenir que nous avons « eu douze années de paix et de bonheur. Elle a été pour « moi une pieuse femme ; non-seulement elle m'a soigné « avec une entière fidélité, mais elle m'a servi comme une « servante. Que Dieu le lui rende au grand jour. Quant à « vous, aidez-lui, dans la mesure de vos moyens, à vivre « avec les enfants. Saluez aussi les ministres de la Parole « de Dieu, ainsi que les pieux bourgeois de Wittenberg, « qui m'ont si souvent obligé. » Mais cette fois encore il se releva, et il revint à Wittenberg le 14 mai 1537.

Le départ de plusieurs amis, qui le précédèrent dans la tombe, lui fut aussi fort sensible. Le 16 août 1532, l'électeur Jean le Constant était mort subitement d'un coup d'apoplexie. Il avait été une nature franche, bienveillante, sans fiel, comme dit Luther ; un caractère sérieux et droit ; il avait eu une piété vivante et une conduite toujours irréprochable. Son fils, Jean Frédéric le Magnanime, ne le valait pas, bien qu'il eût aussi de grandes qualités. Luther augura mal de l'avenir. « Avec le duc Frédéric, dit-il, la sagesse est morte ; avec le duc Jean, la piété ; maintenant que la sagesse et la piété sont parties, c'est la noblesse qui va prendre les rênes du gouvernement. » — C'est ensuite Reinecke, Hausmann, Myconius qui meurent. Luther se sent envahir par un sentiment d'isolement et ne demande plus à Dieu que d'amener bientôt pour lui aussi « l'heure si douce de la mort. »

Mais ce qui le frappe plus douloureusement encore que la mort de ces amis, ce sont les dissentiments de ceux qui survivent; il est obligé de combattre plusieurs de ceux qui lui sont le plus chers, tels que Agricola et Schenk, qui dénaturent les paroles du réformateur, dans la question de la foi et des œuvres; il se voit forcé de surveiller sans cesse son collaborateur Philippe Mélanchthon, qui veut toujours faire des concessions, d'un côté aux catholiques, de l'autre aux sacramentaires. Tout cela le froisse et le blesse. « Hélas! dit-il, j'ai donc travaillé en vain et ma peine est « perdue. »

L'état de l'Église évangélique l'attriste aussi; ce n'est pas là la sainte Église qu'il a rêvée; il ne réussit pas à y établir une discipline sérieuse et il se plaint amèrement que l'Évangile produise si peu de fruit: « Quelle triste génération l'avenir nous prépare! Le peuple est sauvage, le bourgeois dur et avare; les nobles débauchés pillent l'Église. Bientôt on ne trouvera plus de pasteurs; le ministère est méprisé par cette foule grossière. Après trente ans d'efforts et de prédication évangélique, l'état des choses est pire que jamais. »

Tout cela l'aigrit et le rend fort irritable. Un jour (juin 1545) qu'il a quitté Wittenberg pour régler une affaire, il prend soudain la résolution de n'y plus retourner. Il écrit à sa femme: « Sors de cette Sodome, mon cœur s'est refroidi pour eux; vends notre jardin et rends la maison à notre gracieux seigneur qui nous l'a donnée. Après ma mort, tous les éléments se soulèveront contre toi, à Wittenberg. J'aime mieux être errant partout et mendier mon pain que de passer les quelques mauvais jours qui me restent, au milieu des désordres de cette ville, où j'ai dépensé en vain tant de peines et de sueurs. » Ce n'est qu'après beaucoup de supplications et de promesses qu'il s'y laisse ramener.

Cependant les dernières années de Luther ont aussi leur grandeur. Jusqu'à la fin de sa vie, son activité reste prodigieuse. De toutes parts on vient à lui; princes, magistrats, théologiens, tous lui demandent son avis sur les questions les plus diverses, et il ne le refuse à personne. Il prêche, il enseigne, il exerce la cure d'âmes; ses écrits se succèdent presque sans interruption; on a calculé qu'il faudrait à un homme dix années de travail assidu pour copier tous ses ouvrages. Il a une correspondance très étendue; les lettres qu'on a conservées de lui remplissent six forts volumes. L'âge ne semble pas avoir affaibli son énergie ni la puissance de son esprit; il reste ferme comme un roc en face des intrigues et des négociations qui se renouvellent sans cesse autour de lui, et auxquelles, bien souvent, ses meilleurs amis sont mêlés. Il n'accepte aucun compromis, aucune équivoque, et ne cède aucune parcelle de la vérité, ni à droite, ni à gauche. Il reprend avec violence la lutte contre les sacramentaires, et ne se laisse pas tromper par les tentatives de conciliation faites par le catholicisme. Il n'empêche pas ses amis de se rendre aux diètes et aux colloques; il ne les décourage point, mais il n'espère rien: « Leur intention est bonne, dit-il; mais jamais ni le pape ni les évêques ne nous feront de réelles et efficaces concessions; nous, de notre côté, nous ne pouvons consentir à ce qu'ils veulent de nous. Vous essayez en vain de coudre une étoffe nouvelle à de vieux drap, et l'on vous pousse à rétablir les vieilles idoles. Je préfère encore recommencer la lutte. » Pour lui, plus que jamais, « la papauté est la grande calamité de la terre, le plus effroyable malheur qu'ait jamais suscité la puissance de Satan. »

Du reste la papauté allait elle-même mettre fin à toutes ces tentatives de conciliation, qui ne servaient qu'à entraver les progrès de la Réforme. Le 13 décembre 1545 s'ouvrit le Concile de Trente, qui fixa le dogme catholique et creusa un abîme entre les deux Églises. Car dans le 12e canon de la 6e session, le Concile condamne « quiconque prétend que la foi justifiante n'est autre chose que la confiance à la

[library stamp]

miséricorde divine qui pardonne les péchés pour l'amour de Christ, ou que c'est par cette confiance seule que l'homme est justifié. »

C'est alors que Luther écrivit son fougueux traité : *Contre la papauté romaine instituée par le diable.*

---

§ 2. — LE PÈRE DE FAMILLE, LE PASTEUR

Dans son *Petit Livre du Mariage*, Luther rappelle cette parole du Sage : (Prov. XVIII, 22) « Celui qui trouve une femme, trouve le bonheur ; c'est une grâce qu'il obtient de l'Éternel. » Ce bonheur, il l'a connu. Qand il était fatigué de ses luttes et de ses travaux, quand son cœur était blessé, aigri, il pouvait se reposer et se retremper dans le cercle de la famille.

Il eut de Catherine de Bora six enfants :

1. Jean, né le 7 juin 1526 ;
2. Élisabeth, née le 10 décembre 1527 et morte le 3 août 1528 ;
3. Madeleine, née le 4 mai 1529 et morte le 27 septembre 1542 ;
4. Martin, né le 7 novembre 1531 ;
5. Paul, né le 28 janvier 1533 ;
6. Marguerite, née le 17 décembre 1534.

Il a aimé ses enfants d'une affection tendre, mais sainte et virile, car il avait une idée très haute des devoirs d'un père et de l'éducation chrétienne. « Il est tout naturel, écrit-il quelque part, que les parents aiment leurs enfants et s'affligent lorsqu'il leur arrive du mal. Mais que les époux le sachent bien, s'ils veulent servir Dieu, la chrétienté, le monde et leurs enfants, l'œuvre la plus utile et la meilleure qu'ils puissent faire, c'est de donner à ceux-ci une bonne éducation. Faire le pèlerinage de Rome, de Jérusalem, ou de Saint-Jacques, bâtir des églises, fonder des messes, ou faire toute autre chose, cela n'est rien auprès de cette seule œuvre : bien élever ses enfants. Il n'y a pas de chemin qui conduise plus sûrement au ciel. De même aussi il n'y a pas de moyen plus facile de gagner l'enfer, que de négliger ses enfants, de leur enseigner de vilains mots ou des chansons honteuses.... Si l'on veut relever la chrétienté, c'est par les enfants qu'il faut commencer. »

Rien n'est plus touchant que les fêtes de famille célébrées dans sa maison; le cœur de Luther s'épanouissait au milieu de ses enfants; avec eux il redevenait enfant lui-même. . . . .

A Noël, on allumait le sapin, au pied duquel s'étalaient les modestes cadeaux. L'ami Philippe (Mélanchthon), le peintre Lucas Cranach, ou quelque autre était invité. On entonnait un cantique que Luther avait composé pour ces circonstances, cantique d'une simplicité et d'une candeur inimitables; c'était un dialogue entre l'ange qui vient annoncer la bonne nouvelle et les enfants qui s'en réjouissent. L'un des hôtes, représentant l'ange, entrait en chantant :

Quittant ma demeure éternelle,
Je viens en messager des cieux
Apporter la bonne nouvelle
Qui doit vous rendre tous joyeux.

Aujourd'hui d'une vierge pure
Un enfant divin vous est né.
D'humbles langes sont sa parure
Sa gloire c'est la pauvreté.
. . . .

Et les enfants de répondre :

Sois bienvenu sur notre terre,
Hôte divin, mon doux Sauveur,
Qui viens dans sa grande misère
Visiter le pauvre pécheur.

Tu n'as pour berceau qu'une étable,
O Dieu, tout-puissant Créateur.
Je te vois pauvre et misérable,
Toi le Maître, toi le Seigneur.

Jésus, établis ta demeure
Dans mon petit cœur pour jamais.
Fais-y, jusqu'à ce que je meure,
Régner toujours ta douce paix.
. . . .

Un jour qu'il jouait avec sa petite Madeleine, celle-ci lu demanda : « Qu'est-ce que Jésus m'apportera pour Noël ? » — « Une petite robe tout en or, si tu es pieuse. » Survint sa femme qui lui apportait le petit Martin, le plus jeune de ses enfants. Le père le prit dans ses bras, le caressa et l'embrassa en disant : « Oh ! combien je les aime tous ! » Quelle grande bénédiction que ces enfants ! Je voudrais » être mort à l'âge de cet enfant. Quel bienfait pour les » enfants de mourir à cet âge ; et pourtant j'aurais le cœur » brisé si cela arrivait, car c'est une partie de moi-même » et aussi une partie de la bonne mère qui mourrait..... » Un jour que ce même petit Martin prenait le sein de sa mère, le Docteur dit : « Cet enfant et tout ce qui m'appar- » tient est haï du pape et du duc George, haï de leurs » partisans, haï des diables. Cependant tous ces ennemis » ne troublent guère le cher enfant ; il ne s'inquiète pas de » ce que tous ces puissants seigneurs lui en veulent ; il suce » gaiement la mamelle, regarde autour de lui en riant tout » haut, et les laisse gronder tant qu'ils veulent. »

Une autre fois les petits enfants se tenaient debout devant la table, regardant avec beaucoup d'attention des pêches qui étaient servies ; Luther se mit à dire : « Qui » veut voir l'image d'une âme qui jouit dans l'espérance, » la trouvera bien ici. Ah ! si nous pouvions attendre avec » autant de joie la vie à venir ! »

Qui ne connaît la jolie lettre que Luther écrivit à son petit Jean, alors qu'il se trouvait à Cobourg (1530) si vivement préoccupé de ce qui se passait à la diète d'Augsbourg :

« Grâce et paix en Christ, mon cher petit fils. J'apprends avec plaisir que tu étudies tes leçons et que tu n'oublies pas de prier. Fort bien, mon fils, il faut continuer ainsi, et quand je reviendrai, je te ferai une belle fête. Je connais un beau, un délicieux jardin. Beaucoup d'enfants y viennent. Ils ont de petites robes en or et ramassent de belles pommes sous les arbres, et des cerises, des prunes, des mirabelles. Ils chantent, ils sautent, ils jouent, ils sont joyeux, ils font trotter leurs petits chevaux munis de brides d'or et de selles d'argent. Je demandai au maître du jardin qui étaient ces enfants. — Ce sont, me dit-il, des enfants pieux qui aiment à prier et à apprendre. — Cher homme, lui dis-je alors, j'ai aussi un fils, il s'appelle Jean Luther ; ne pourrai-je pas l'amener dans ce jardin, pour qu'il puisse aussi manger de ces belles pommes, et monter ces jolis chevaux, et s'amuser avec ces enfants ? — Oui, répondit l'homme, pourvu qu'il aime à prier, à apprendre, et qu'il soit pieux, il pourra venir dans ce jardin, et Juste et Philippe avec lui. Je leur donnerai des flûtes, des tambours, des violons et toutes sortes d'instruments ; ils danseront ensemble et ils tireront de l'arbalète. — Alors il me montra une belle prairie qui était au milieu du jardin. Elle était arrangée pour la danse, et tout autour étaient suspendues des flûtes d'or, des tambours et de jolies petites arbalètes d'argent. Comme il était de bonne heure, les enfants n'avaient pas encore dîné, et je ne pus les voir danser. Mais en partant je dis au maître du jardin : Cher Monsieur, je m'en vais bien vite écrire tout cela à mon petit Jean, afin qu'il prie bien, qu'il apprenne bien et qu'il soit pieux, pour qu'on lui permette de venir dans ce jardin ; mais il a une tante Madeleine ; il faudra qu'il l'amène avec lui. Et l'homme dit : Oui, écris-lui.

« Et maintenant, mon cher petit Jean, apprends et prie avec courage, et recommande à Philippe et à Juste d'en faire autant pour qu'on nous laisse entrer tous dans le jardin. Que le Dieu tout puissant te bénisse. Salue tante Madeleine et donne-lui un baiser pour moi. Ton cher père,

« Martin LUTHER. »

Cet amour si grand pour ses enfants fut aussi pour lui la cause de quelques grandes douleurs. Déjà à la mort de sa petite Elisabeth, il avait dit : « Je n'aurais jamais cru que le « cœur d'un père pût s'amollir ainsi sur ses enfants. » Il fut encore plus douloureusement affecté de la mort de Madeleine. C'était une douce et gracieuse enfant, qui lui fut enlevée en quelques jours ; elle n'avait que treize ans. Luther, assis près de son lit de souffrance, dit : « Je l'aime bien ; « mais, ô mon Dieu, si c'est ta volonté qu'elle nous soit « enlevée, je veux me réjouir aussi de la savoir auprès de toi. » Et se tournant vers la petite malade : « Madeleine, « mon enfant, tu as un Père au ciel et tu vas aller vers « lui. Tu voudrais bien, n'est-ce pas, rester avec ton père « d'ici-bas, mais tu vas aussi volontiers vers le Père cé- « leste ! » — L'enfant répondit : « Oui, mon doux père, « comme Dieu voudra. » — Le père reprit : « Chère petite « fille, l'esprit est bien disposé, mais la chair est faible. » — Il se détourna, pleura beaucoup et dit ensuite : « Je t'aime « trop ; mais soit que nous vivions, soit que nous mourions, « nous sommes au Seigneur. » Elle expira dans ses bras. Sa mère n'avait pu voir son agonie ; Luther lui dit alors : « Ma « chère Catherine, songe donc où elle va ; elle est heureuse « maintenant. J'aurais bien aimé la garder, si Dieu avait « voulu me la laisser, car je l'aime tendrement. Mais que sa volonté soit faite. » — Et quand on eut mis l'enfant dans sa bière, il la contempla longuement et dit: « Chère « petite Madeleine, te voilà bien maintenant. Tu ressusci- « teras et tu luiras comme une étoile, oui, comme le soleil. « Je suis joyeux en esprit, mais dans la chair je suis triste. « C'est une chose merveilleuse de savoir qu'elle est main- « tenant en paix, qu'elle est bien, et d'être pourtant si triste. »

Lorsque le peuple, venu pour aider à emporter le corps, exprima à Luther la part qu'il prenait à son malheur, celui-ci dit: « Ne vous chagrinez pas, j'ai envoyé une sainte « au ciel, oui, une vraie sainte. » Il composa lui-même son épitaphe rimée :

« Ici je dors, moi Madeleine, fille du Docteur Luther.
Je repose dans ma couchette avec tous les saints.
Moi qui étais née dans le péché,
J'aurais été condamnée pour l'éternité ;
Mais je vis et je suis bien heureuse,
Seigneur Jésus, rachetée par ton sang »

Luther avait conservé lui-même, dans sa piété, une candeur d'enfant. Tout lui fournissait l'occasion de bénir Dieu, d'admirer sa grandeur et sa bonté; car la nature même n'était pour lui qu'une image de la vie spirituelle.

Un jour (9 avril 1539) qu'il admirait dans son jardin les arbres tout brillants de fleurs et de verdure, il s'écria : « Gloire à Dieu qui, de la créature morte fait ainsi sortir la vie au printemps. Voyez les rameaux, comme ils sont forts et gracieux; ils sont déjà tout gros de fruits. Voilà une belle image de la résurrection des hommes. L'hiver est la mort et l'été la résurrection. Alors tout revit, tout est verdoyant. » Un autre jour (18 avril 1539) après un fort orage suivi d'une pluie bienfaisante, il dit, en regardant le ciel : « Voilà un beau temps ! Tu nous l'accordes, ô mon Dieu ! à nous qui sommes si ingrats, si pleins de méchanceté et d'avarice. Tu es un Dieu de bonté. Ce n'est pas là une œuvre de Satan ; non, c'est un tonnerre bienfaisant, qui ébranle la terre et l'ouvre pour lui faire porter des fruits et répandre un parfum semblable à celui que répand la prière d'un homme pieux. »

Un soir, voyant un petit oiseau perché sur un arbre et s'y posant pour y passer la nuit, il dit : « Ce petit oiseau a choisi son abri et va dormir bien paisiblement ; il ne s'inquiète pas, il ne songe pas au gîte du lendemain ; il se tient bien tranquille sur sa petite branche et laisse Dieu songer pour lui. » — Vers le soir vinrent deux oiseaux qui faisaient un nid dans le jardin du Docteur. Ils étaient souvent effrayés dans leur vol, par ceux qui passaient : « Ah ! cher petit oiseau, dit Luther, ne fuis point ; je te souhaite du bien de tout mon cœur ; si tu pouvais seulement me croire ! C'est ainsi que nous refusons de nous confier en Dieu, qui, bien loin de vouloir notre perte, a donné pour nous son propre Fils. »

Aux joies de la famille et de la nature, venaient s'ajouter celles de l'amitié. La maison de Luther était hospitalière, bien qu'il n'eût eu longtemps que des revenus fort modiques. Dans le cercle des amis, il oubliait ses soucis ; on chantait et l'on conversait gaiement ensemble. Luther était l'âme de la société. Que de récits agréables, que d'instructions précieuses et profondes et de jugements originaux sortaient de sa bouche. Ses amis l'écoutaient, sans perdre une parole, et une fois rentrés chez eux, s'empressaient de mettre par écrit tout ce qu'ils avaient entendu. Plus tard, toutes ces notes ont été réunies et publiées ; ce sont les *Propos de Table*. Luther ne soupçonnait pas que ses paroles fussent ainsi conservées pour la publicité ; il s'exprimait librement, sans contrainte, laissant éclater sa bonne humeur et se permettant mainte joyeuse plaisanterie ; et tout, sans exception, était noté avec soin par ses auditeurs. Quel homme eût pu supporter une pareille indiscrétion ? Quelle réputation en fût sortie intacte ? N'était-ce pas lui faire une maison de verre où chacun pût l'observer ? Eh bien ! ces *Propos de Table* où il y a maintes paroles qu'on peut trouver trop hardies, et que ses ennemis ont depuis tournées contre lui, ne font qu'accroître notre estime pour lui; ils nous montrent un cœur pieux, droit et candide, vivant

Chambre de Luther à Wittenberg

en présence de Dieu et toujours plein de reconnaissance, plein de confiance en son Père céleste.

C'est surtout la musique qui le récréait et le reposait. « La musique, disait-il, est un des plus beaux, des plus magnifiques présents de Dieu. Satan en est l'ennemi. Par elle on chasse les tentations et les mauvaises pensées. Le diable ne tient pas contre. » Et ailleurs : « Si notre Seigneur nous accorde de si nobles dons dans cette vie même, qui n'est qu'ordure et que misère, que sera-ce donc dans la vie éternelle ? En voici le commencement. » Il chantait avec ses enfants, avec ses amis, souvent à table, et surtout le soir, quand il était triste, fatigué du travail. Aussi écrit-il à un ami : « Mon cher ami, quand vous êtes triste, dites : Allons, il faut que je chante et que je joue un cantique à notre Seigneur Jésus-Christ, car il aime bien entendre un joyeux chant et le son de la harpe. Et faites vibrer les cordes. Si alors le diable survient et vous inspire des pensées tristes, défendez-vous hardiment et dites : « Retire-toi, diable, il me faut chanter et jouer à mon Christ. »

Luther exerçait l'hospitalité avec une libéralité que rien ne pouvait lasser. De nombreux amis venaient du dehors pour le voir ; des savants de tous les pays accouraient à Wittenberg, pour connaître l'homme qui mettait toute l'Europe en mouvement ; tous étaient invités à sa table. Puis venaient des moines ou des nonnes, échappés de leur couvent et arrivés à Wittenberg dans le dénuement le plus complet ; il partageait son pain avec eux et les soutenait tant qu'il pouvait. Ou bien encore c'étaient des prêtres expulsés à cause de l'Évangile, qui venaient lui demander des recommandations ; il disait : « Ils périraient en route si je les laissais partir sans leur avoir offert à manger. » C'étaient aussi des étudiants pauvres qui s'adressaient à lui ; il se souvenait de la misère qu'il avait eu à endurer lui-même, quand il était écolier, et il faisait pour eux ce qu'on avait fait pour lui-même ; il les recevait chez lui. Souvent aussi il offrait l'hospitalité à des réfugiés venus de pays étrangers, et les gardait dans sa maison, jusqu'à ce qu'ils eussent trouvé à se placer ailleurs. Ainsi on rapporte qu'il eut un jour à sa table dix hôtes étrangers dont chacun parlait une autre langue.

Quand il n'avait plus d'argent, il donnait ce qu'il trouvait sous la main, des présents qu'il avait reçus, des objets précieux. Un jour vint chez lui un étudiant qu'il avait vu très assidu aux cours, et qui, ayant terminé ses études, voulait s'en retourner dans son pays. N'ayant plus d'argent, il vint demander un secours à Luther. Celui-ci lui exprima le grand regret de n'avoir plus d'argent lui-même. Le jeune homme le regarda tristement et lui dit qu'ayant frappé en vain à plusieurs portes, son dernier espoir avait été le Docteur Martin ; maintenant il ne savait plus que faire. Luther en fut tout affligé; ayant jeté un triste regard autour de lui, il avisa, dans une armoire, une coupe en vermeil, don de l'Électeur. Il la prit et la tendit à l'étudiant. Celui-ci n'osait l'accepter, mais Luther, broyant la coupe dans sa vigoureuse main, la lui donna en disant : « Je n'ai pas besoin d'une coupe en argent; prends-la, va « la porter à l'orfèvre et garde ce qu'il t'en donnera. »

Quand il ne trouvait plus rien chez lui, il demandait à d'autres, à ses amis, aux magistrats, à son prince. C'est ainsi qu'il s'adressa un jour au magistrat de Wittenberg pour lui recommander un étudiant pauvre : « Messeigneurs, la faim chasse d'ici ce pauvre garçon ; mais comme il est savant et pieux, il faut lui venir en aide. Vous savez que j'ai beaucoup à donner chaque jour ; je ne puis suffire à tout. Donnez-lui donc, je vous prie trente florins, ou vingt, ou au moins dix. Ou bien donnez la moitié, quinze florins, et j'ajouterai les quinze autres. Dieu vous le rendra. »

On pourrait citer de nombreux traits de ce genre. Si Catherine n'avait pas été une ménagère modèle, âpre à l'économie, il eût été bien souvent privé du nécessaire.

Luther fut aussi un fidèle consolateur des affligés ; il savait tranquilliser les cœurs angoissés et trouvait toujours quelque bonne et forte parole pour relever les courages.

Ayant un jour demandé à un ami, comment il allait, celui-ci répondit : « Tristement, misérablement ; je ne sais « comment cela va. » — « N'êtes-vous pas baptisé ? » dit Luther.

Une domestique qui avait servi dans sa maison et qui l'avait quitté en de fort mauvais termes, était tombée dans l'impiété et avait, de son propre aveu, voué son âme au diable. Étant tombée malade et se sentant mourir, elle fit appeler Luther, et lui dit : « Je voulais vous demander « pardon avant de mourir ; mais j'ai un poids plus lourd « encore sur la conscience ; j'ai livré mon âme à Satan. » — « N'est-ce que cela ? répondit-il ; quels autres péchés « as-tu encore sur la conscience ? » — « J'en ai bien « d'autres, mais celui-là est le plus lourd, et il ne peut « m'être pardonné, car j'ai vendu mon âme. » — « Écoute, « dit Luther, si, lorsque tu étais à mon service, tu avais « vendu tous mes enfants à un étranger, ce marché serait-« il valable ? » — « Non. » — « Eh bien ! Ton âme ne « t'appartient pas, mais au Seigneur Jésus. Comment « peux-tu donner ce qui n'est pas à toi ? Va, et prie le « Seigneur Jésus de reprendre ce qui lui appartient. Puis « jette ton péché à la tête de Satan ; il est à lui. » La malheureuse fille retrouva la paix.

C'est dans les moments difficiles, aux jours du danger que la foi de Luther se montrait dans toute sa grandeur. Deux fois la peste vint visiter la ville de Wittenberg. La première fois, en 1516. Luther était alors prieur des Augustins. Il écrivit à son ami Lange : « Elle est ici ; la voilà ; elle frappe, furieuse, rapide, surtout la jeunesse. Et vous me conseillez la fuite ! — Où donc ? — Je pense que le monde ne s'écroulera pas si frère Martin périt. Si la peste augmente, je disperserai les frères ; mais ma place est ici ; je dois obéir. Non que je ne craigne pas la mort (je ne suis pas l'apôtre Paul, mais son commentateur), mais j'espère que Dieu me délivrera de la crainte. »

La peste revint en 1527. Tout ce qui put fuir quitta la

Luther pendant la peste

ville. L'Université fut transférée à Iéna, où elle resta jusqu'à l'année suivante. On voulait que Luther y vînt aussi, prétendant que sa place était là; mais il s'y refusa et resta seul de toute l'Université, avec son ami Bugenhagen, qui était pasteur de la ville. L'épidémie sévissait surtout dans le quartier où était la demeure de Luther. Il donna lui-même des soins aux malades; la femme du bourgmestre expira dans ses bras; il fit de sa maison un hôpital, à un moment où il relevait lui-même de maladie, où son petit Jean était très souffrant et où sa femme attendait ses couches. Il écrivit alors à son ami Hausmann : « Bugenhagen et moi nous restons seuls ici; mais nous ne sommes pas seuls, Christ est avec nous; il triomphera et nous protègera contre Satan, ainsi que nous le croyons et l'espérons. »

C'est à cette occasion qu'il publia son traité : *Est-il permis de fuir devant la mort?* Dès l'entrée, il dit que les pasteurs et ceux qui ont charge d'âmes doivent demeurer à leur poste, selon l'ordre formel de Christ : « Un bon berger laisse sa vie pour ses brebis, mais un mercenaire laisse venir le loup et fuit. »

---

§ 3. — MORT DE LUTHER

L'œuvre de Luther était terminée; il soupirait après le repos; cependant il dut encore accomplir une dernière tâche, avant de quitter cette terre, faire une œuvre de paix. Les comtes de Mansfeld, seigneurs de sa ville natale, et ses amis particuliers, avaient eu un différend au sujet de leurs droits sur le pays et sur ses mines. Tous les essais de réconciliation avaient échoué, et Luther lui-mêeme tait intervenu en vain. On lui adressa un nouvel appel. Bien que malade et épuisé, il se mit en route, accompagné de ses trois fils et de quelques amis. Il quitta Wittenberg un samedi, le 23 janvier 1546, pour se rendre à Eisleben. Arrêté pendant trois jours à Halle, par le débordement de la Saale, il en profita pour y prêcher, le 25. A table, comme s'il avait pressenti que sa dernière heure était proche, il tendit son verre à son ami Jonas, et lui adressa ce toast, en vers latins :

A Jonas verre, Luther, verre lui-même, offre ce verre,
Pour que l'un et l'autre se souviennent qu'ils sont semblables [au fragile verre.

De Halle, il alla à Eisleben. Il se sentit très mal en route; cependant il prêcha quatre fois pendant son séjour à Eisleben, et eut une correspondance active avec sa femme, toujours inquiète de sa santé, et avec Mélanchthon.

Il eut beaucoup de peine à arranger l'affaire des comtes, mais il y réussit cependant, à sa grande joie. Il se préparait au retour, lorsque ses douleurs habituelles le reprirent avec une grande violence : il sentit aussitôt qu'il devait se préparer à un autre départ. La fin vint rapidement.

Le 16 février, on s'entretint beaucoup à table de la maladie et de la mort : Luther dit : « Quand je serai de retour à Wittenberg, je me coucherai dans la bière et j'offrirai aux vers le régal d'un gras docteur. »

Le 17, il passa la matinée dans sa chambre, s'approchant souvent de la fenêtre pour prier. Il dit une fois : « Docteur Jonas, j'ai été baptisé ici, à Eisleben; si je devais y rester ! » Il put cependant descendre à dîner et à souper, et fut gai à table; on parla beaucoup de la mort et de la vie éternelle.

S'étant ensuite retiré dans sa chambre, il eut de violentes oppressions; on le soulagea par des frictions. De neuf à dix heures, il dormit sur une chaise longue, et se rendit ensuite dans sa chambre à coucher. En y entrant, il dit, en latin : « Au nom du Seigneur, je vais gagner mon lit; je remets mon esprit entre tes mains, tu m'as sauvé, Dieu fidèle. » A une heure il se réveilla et dit à Jonas : « Oh! mon Dieu, comme je souffre! mon cher docteur Jonas, je vois bien que je vais rester ici, à Eisleben, où je suis né et où j'ai été baptisé. » — Il alla dans l'autre chambre et s'écria plusieurs fois : « Je remets mon esprit entre tes mains. »

On chercha à le soulager; le comte et la comtesse Albert de Mansfeld accoururent à son lit. « MonDieu, s'écria-t-il, je souffre et je suis angoissé, je m'en vais! » Puis il se mit à prier : « O mon céleste Père, un seul Dieu et Père de notre Seigneur Jésus-Christ, Dieu de toute consolation, je te rends grâce de ce que tu m'as fait connaître ton Fils bien-aimé Jésus-Christ, en qui je crois, que j'ai prêché et confessé, que j'ai aimé et glorifié, que le pape et tous les impies déshonorent, persécutent et blasphèment; je te prie, ô mon Seigneur Jésus-Christ, de prendre soin de ma pauvre âme. O Père céleste, quand je devrai quitter ce corps et être arraché à cette vie, je sais cependant avec certitude que je demeurerai éternellement auprès de toi et que personne ne pourra me ravir de ta main. » Et plusieurs fois, il répéta en latin ces paroles (Jean III, 16) : « Dieu a tant aimé le monde, etc. » Puis ces autres (Psaume LXVIII, 21) : « Nous avons un Dieu qui nous délivre : c'est l'Eternel, notre Dieu, qui nous retire de la mort. »

On lui fit prendre une potion : « Je m'en vais, s'écria-t-il, je vais rendre l'esprit; » et il ajouta trois fois rapidement : « Père, je remets mon esprit entre tes mains; tu m'as sauvé, Dieu fidèle! » Puis il resta immobile, inanimé. Alors Jonas, s'approchant de son oreille, lui dit d'une voix forte : « Révérend Père, voulez-vous mourir en vous appuyant sur Jésus-Christ et en confessant la doctrine que vous avez enseignée? » Il répondit d'une voix distincte : « Oui »; et il expira. C'était le 18 février 1546, à trois heures du matin.

Le 19, dans l'après midi, son cercueil fut porté en l'église de Saint-André, où Juste Jonas prêcha sur 1 Thess. IV, 13-18. Pendant la nuit, dix bourgeois de la ville le veillèrent. Le lendemain, on partit pour Wittenberg, après que Cœlius eut encore prêché sur Esaïe LVII, 1-2. Ce fut un deuil général, une explosion de douleur sur tout le parcours du funèbre cortège. Partout, dans toutes les villes, on sonnait les cloches; le corps était reçu par le clergé, les autorités et les écoles; la nuit, on le déposait dans une église.

Le 22, le cercueil arriva à Wittenberg et fut reçu à la porte de l'Elster, (près de laquelle Luther avait brûlé la bulle) par l'université, le magistrat et la bourgeoisie. On se rendit directement à l'église du Château, à la porte de laquelle il avait jadis affiché ses quatre-vingt quinze thèses. En tête du cortège étaient le clergé, les maîtres et les écoliers qui chantaient des cantiques. Devant le cercueil chevauchaient les délégués de l'électeur, les deux comtes de Mansfeld avec leur suite, environ soixante cavaliers. Derrière le cercueil venait la veuve, dans une modeste petite voiture; puis les trois fils qui avaient ramené le corps d'Eisleben, Jacques, son frère, et d'autres parents de Mansfeld; enfin, le personnel de l'université, les conseillers de la ville, une troupe imposante d'étudiants et une foule innombrable d'hommes et de femmes, jeunes et vieux, qui suivaient en pleurant et en sanglotant.

A l'église, Bugenhagen prêcha encore sur 1 Thess. IV, 13-18. Puis Mélanchthon, au nom de l'université, prononça un admirable discours latin, où il caractérisa l'œuvre que Dieu avait permis à Luther d'accomplir dans son Église.

Le corps fut déposé dans un caveau, près de la chaire.

« Les calamités que Luther avait prédites, dit M. F. Kuhn, se sont abattues, après sa mort, sur l'Allemagne; mille choses qu'il avait aimées, sont tombées dans l'orage ou sous l'action lente du temps; mais son œuvre, dans ce qu'elle avait d'immortel, est restée debout; œuvre toute d'affranchissement, de sympathie et d'humanité profonde, dont sa lutte héroïque contre les abus et la servitude du moyen-âge, n'a été que la partie la plus apparente et la plus extérieure. Il a accompli, en effet, quelque chose de plus grand que de renverser des idoles et d'ouvrir les voies à toutes nos libertés modernes ; il a, chose immense, délivré les consciences, retrouvé et mis en lumière la plus haute pensée du christianisme, la certitude de l'amour divin et du salut de l'homme, l'union non seulement possible, mais effective de la créature pécheresse avec le Dieu saint, source de toute liberté et de toute joie. »

QUELQUES CANTIQUES DE LUTHER

1

1. Conserve-nous, ô notre Dieu,
Ta Parole, et brise en tout lieu
Les fureurs de tes ennemis
Ligués contre Jésus, ton Fils.

2. Jésus-Christ, souverain Seigneur,
Sois notre puissant protecteur;
Défends ta pauvre chrétienté
Qui t'adore en éternité.

3. Dieu Saint-Esprit, Consolateur,
Donne à ton peuple un même cœur ;
Soutiens notre suprême effort;
Fais-nous revivre après la mort.

2

1. Je t'invoque des lieux profonds,
Écoute ma prière!
A mes ardents soupirs réponds,
Regarde ma misère!
Car, Éternel, si tu comptais
Nos fautes et tous nos méfaits,
Qui fuirait ta colère?

2. Tu ne connais que le pardon
Et quelque bien qu'on fasse,
Tous sont pécheurs et nul n'est bon
Devant ta sainte face.
Le juste le plus orgueilleux
N'est qu'un criminel à tes yeux;
Tous ont besoin de grâce.

3. Je compte sur toi seul, Seigneur,
Non sur mon sacrifice,
Et j'attends tout de ta faveur
Et rien de ma justice;
Car tu rassures mon esprit
Par ta Parole, qui me dit
Que mon Dieu m'est propice.

4. Et si du matin jusqu'au soir
Doit durer ma misère,
Je veux garder mon ferme espoir
En mon céleste Père.
Car tu veux que ton Israël,
Formé par l'Esprit éternel,
Jamais ne désespère.

5. Et si nos péchés sont nombreux,
En Dieu la grâce abonde.
Quand je suis triste, malheureux,
Tout mon espoir se fonde
Sur toi seul, notre Bon Pasteur
Et notre grand Libérateur
Qui viens sauver le monde.

3

1. Réjouis-toi, peuple chrétien,
Tressaille d'allégresse !
Prends courage et ne crains plus rien;
D'un même cœur sans cesse
Chante la grâce et la bonté
De ton Dieu qui t'a racheté
Dans sa grande tendresse.

2. Aux mains du diable et de la mort
Esclave sans défense,
Au péché, par un triste sort,

Vendu dès ma naissance.
Tourmenté nuit et jour, j'allais
De chute en chute et j'éprouvais
Du péché la puissance.

3. Mes œuvres ne méritaient rien
Et ma faible nature
Ne pouvait accomplir le bien
Ni laver ma souillure.
Mourant, perdu, sans nul espoir,
Déjà je pouvais entrevoir
L'enfer et sa torture.

4. Mais Dieu, de toute éternité
Ému de ma misère,
Se ressouvint de sa bonté
Et redevint mon Père.
Il fit tomber sur mon Sauveur,
Sur le bien aimé de son cœur.
Le poids de sa colère.

5. C'est alors qu'il dit à son Fils :
Voici, l'heure est venue ;
O toi, ma couronne, affranchis
Cette race déchue ;
Délivre-la de son fardeau,
Arrache au pouvoir du tombeau
L'humanité perdue.

6. Alors le Fils, obéissant,
Vint vers moi sur la terre.
D'une vierge pure naissant,
Revêtant ma misère,
Voilant sa céleste grandeur
Sous la forme de serviteur,
Jésus devint mon frère.

7. Il dit : Ne crains rien, viens à moi,
Pécheur, je suis ta vie.
J'abandonne les cieux pour toi

Et je me sacrifie,
Je suis à toi, tu m'appartiens;
Qui peut me séparer des miens?
C'est moi qui justifie.

8. On va pour toi verser mon sang;
Que ta foi se ranime;
Je vais te sauver, en mourant,
Innocente victime.
Ma mort sera ta guérison,
Et mon supplice ta rançon,
J'effacerai ton crime.

9. Et quand je quitterai ces lieux,
Abandonnant la terre,
Je veillerai sur toi des cieux
Et t'enverrai du Père
Le Saint-Esprit Consolateur,
Qui fera régner dans ton cœur
La paix et la lumière.

10. Ce que j'ai dit, ce que j'ai fait,
Il faut le faire et croire,
Car déjà mon règne apparaît
Et se montre avec gloire.
Fuis les commandements humains
Et que mes préceptes divins
Restent dans ta mémoire.

4

1. Le Rédempteur sort de la tombe
Où l'avait enchaîné la mort.
Il vit! C'est la mort qui succombe;
Elle gît aux pieds du Dieu fort.
La victoire, ô mort, t'est ravie!
Faisons monter nos chants joyeux

Vers celui qui donne la vie
Et qui vient nous ouvrir les cieux.

2. La mort régnait en souveraine
Sur toute la race d'Adam ;
Le péché sous sa lourde chaîne
Nous livrait captifs à Satan.
Nul ne pouvait de son empire
Secouer le joug oppresseur ;
La loi ne cessait de maudire
Et condamnait le transgresseur.

3. Mais quittant son trône de gloire,
Jésus meurt sur l'infâme bois;
Sainte victime expiatoire,
Pour nous il expire à la croix.
O mort ! Tu n'as plus de puissance
Dans ton sombre et triste vallon ;
Tu n'es plus que vaine apparence :
Christ a brisé ton aiguillon.

4. Oh ! Quelle guerre merveilleuse !
La vie en lutte avec la mort !
Mais la vie est victorieuse ;
De la mort Christ brise l'effort.
Par la victoire qu'il remporte
Il devient notre Agneau pascal,
Et son sang marquant notre porte
En écarte l'ange fatal.

5. O mon cœur, tressaille de joie,
Car le Rédempteur glorieux
Au sépulcre arrache sa proie
Et se lève victorieux.
Ainsi, sortant de la poussière,
Ressucités comme Jésus,
Nous le verrons dans la lumière
Pour jamais, avec ses élus.

5

1. C'est un rempart que notre Dieu,
   C'est une forte armure
Qui nous garantit en tout lieu,
   Si l'on nous fait injure.
      Le vieil ennemi
      N'est point endormi ;
      Il veut la guerre,
   Et le monde a frémi
   Au feu de sa colère.

2. Si notre bras est impuissant
   En ce péril extrême,
Pour nous combat l'homme vaillant
   Choisi par Dieu lui-même.
      Notre défenseur,
      C'est Christ, le Sauveur,
      Dieu des armées,
   Tout puissant Rédempteur
   Des tribus opprimées.

3. Et si les démons furieux
   Envahissent la terre,
Nous soutiendrons victorieux
   L'effort de leur colère.
      Rusé, menaçant,
      Satan rugissant
      En vain conspire :
   D'un mot le Tout-Puissant
   Fait crouler son empire.

4. On les verra bon gré mal gré
   Respecter la Parole.
Parmi nous Christ est adoré,
   Son Esprit nous console.
      Qu'on nous prenne argent,
      Honneur, femme, enfant :
      Laissez les faire !
   Le Christ aura pourtant
   La victoire dernière.

6

Psaume 12

1. O Dieu qui règnes dans les cieux,
Interviens sur la terre.
Sur tes saints abaisse tes yeux,
Ils sont dans la misère.
Plus de foi, plus de piété !
Partout règne l'iniquité ;
On se plait à mal faire.

2. Ils sont tous remplis de dédain
Pour ta Parole sainte.
Leur bouche est pleine de venin,
Ils mentent sans contrainte.
L'un croit ceci, l'autre cela,
Et ce que Dieu nous révéla
N'inspire plus de crainte.

3. Viens confondre ces orgueilleux,
Insensés en délire.
Fais taire ces audacieux
Qui ne cessent de dire :
Nous sommes seuls maîtres et rois,
Et nous imposerons nos lois
A tout ce qui respire.

4. « Je me lève, dit le grand Dieu
Aux pauvres qui gémissent ;
Je vais embraser de mon feu
Ceux qui vons asservissent.
Je consolerai votre cœur
Et je serai votre Sauveur ;
Que les méchants frémissent. »

5. Garde-nous toujours, ô Seigneur,
De cette impure race.

Tu fais passer par la douleur,
Mais c'est pour faire grâce.
Conserve-nous ta sainte loi
Et fais-nous sentir de la foi
La puissante efficace.

7

1. Seigneur, je m'endors dans ta paix,
L'âme soumise,
Et mon cœur troublé, désormais
Se tranquillise.
La mort m'emporte pour jamais ;
Je pars, mais sans surprise.

2. Car j'ai contemplé de mes yeux
Jésus fidèle,
Qui descendit du haut des cieux
Pour moi rebelle.
Et par un salut glorieux
Vainquit la mort cruelle.

3. Tu l'as donné dans ta bonté,
O notre Père,
Et, malgré mon iniquité,
Encor j'espère
En sa grâce et sa vérité
Qui sauve et régénère.

4. Partout régnait l'obscurité
La plus profonde.
Soudain apparait la clarté
Qui nous inonde,
Et ta divine charité
Renouvelle le monde.

TABLE DES MATIÈRES

Paris. — Imp. Wattier et Cie, rue des Déchargeurs, 4.

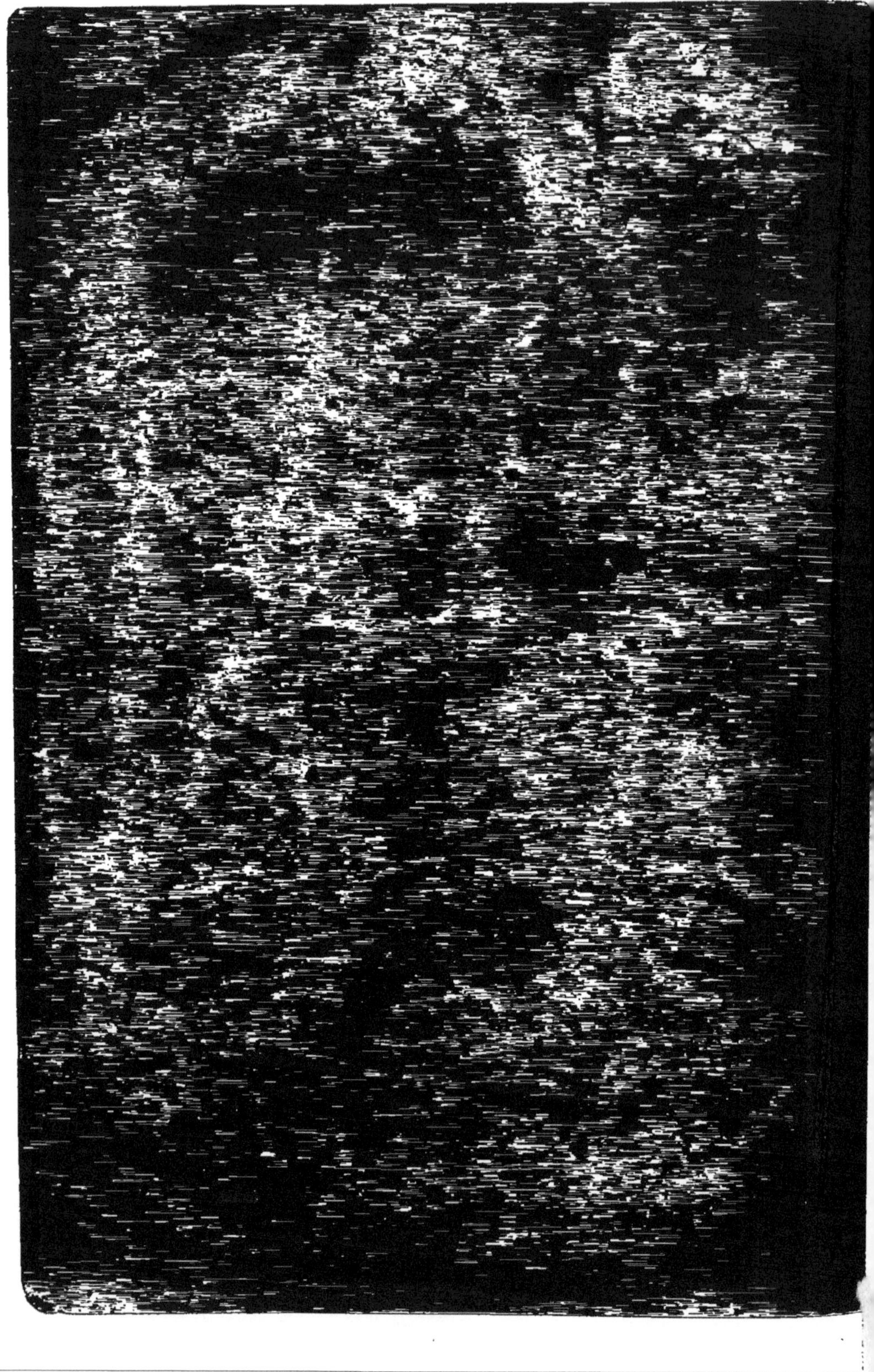

www.ingramcontent.com/pod-product-compliance
Ingram Content Group UK Ltd.
Pitfield, Milton Keynes, MK11 3LW, UK
UKHW021106220726
13924UKWH00004B/1549

9 782019 957421